O GIGANTE ACORDADO

O GIGANTE ACORDADO

Manifestações, Ficha Limpa e Reforma Política

MÁRLON REIS

Um dos fundadores do Movimento
de Combate à Corrupção Eleitoral (MCCE)
e um dos idealizadores da Lei da Ficha Limpa.

LeYa

Diretor editorial: Pascoal Soto
Editora executiva: Maria João Costa
Edição de texto: Breno Barreto
Revisão: Camila Dias da Cruz
Diagramação: Abreu's System
Designer de capa: Ideias com Peso
Produção gráfica
Direção: Marcos Rocha
Gerência: Fábio Menezes

CIP-BRASIL. CATALOGAÇÃO-NA-FONTE
SINDICATO NACIONAL DOS EDITORES DE LIVROS, RJ

Reis, Márlon
O gigante acordado: manifestações, Ficha Limpa e reforma política / Márlon Reis – Rio de Janeiro: LeYa, 2013.
192 p.

ISBN 978-85-8044-907-5

1. Política brasileira 2. Movimentos de protestos - 2013 3. Sistema eleitoral 4. Movimentos Contra Corrupção Eleitoral

13-0836 CDD: 303.484

2013

TEXTO EDITORES LTDA.
[Uma editora do Grupo LeYa]
Rua Desembargador Paulo Passaláqua, 86
01248-010 – Pacaembu – São Paulo – SP – Brasil
www.leya.com.br

À Ana Lucrécia, amor da minha vida.

Sumário

Prefácio

"E o senhor acha pouco?", perguntou o motorista Eriberto França ao ser questionado pelo deputado Roberto Jefferson se as denúncias que havia feito contra o presidente Fernando Collor eram movidas apenas por patriotismo. Para o parlamentar era difícil acreditar que havia um brasileiro, trabalhador, gente simples, sem diploma nem autoridade, disposto a enfrentar o poder e a confirmar a existência de contas fantasmas, onde era depositado o dinheiro da corrupção, usado por Collor e o tesoureiro dele, PC Farias. Jefferson – que mais de uma década depois seria protagonista das denúncias do Mensalão – considerava inimaginável alguém deixar o sossego do seu cotidiano sem que fosse movido por segundas (e más) intenções. Não é de surpreender que pensasse assim. Historicamente, a elite política do Brasil subestimou a força do cidadão e a avaliou usando sua própria régua moral e cívica.

Nos protestos juninos, que assistimos sem entender bem o que acontecia (este livro nos ajuda a ter compreensão melhor dos fatos), novamente o comportamento do cidadão foi questionado. Apressaram-se a culpar a oposição, que poderia ser qualquer coisa que estivesse do outro lado. Procuraram responsáveis na direita e na esquerda, em cima e embaixo, sem perceber que esta disposição física não se encaixava mais nas ideologias que se contróem em rede, neste emaranhado de pensamentos produzidos na internet graças as pessoas intensamente conectadas. Acusaram motivação política ao verem jovens, senhoras e senhores ocupando as ruas, como se exercitá-la fosse direito privado dos partidos. Esses que ali estavam, com cartazes nas mãos e coração indignado, não esperavam derrubar um governo, como se fez com Collor, nem ratificar uma lei, como nas Diretas Já, queriam reclamar do sistema (ou dos sistemas) e defender a democracia. Mas foram obrigados a ouvir a ironia da autoridade: "tudo isso apenas por 20 centavos?". Não tiveram capacidade de entender que se pedia muito mais: respeito.

Há cinco anos, quando um grupo de cidadãos, na capital paulista, aceitou a proposta de fiscalizar, monitorar e controlar o trabalho dos parlamentares na câmara municipal, formando a rede Adote um Vereador, também teve de responder à desconfiança revelada em discursos no parlamento. Alguns vereadores, incomodados com o pedido de transparência no trato do bem público e com a nossa intenção de controlar nossos representantes, sem perceber, expuseram seus valores.

Pediram para que informássemos os financiadores da nossa organização, como se somente o dinheiro pudesse mover as pessoas. Usaram sua própria moeda para nos julgar, já que tendem a ser reféns das empresas e grupos que sustentam suas campanhas. Para se ter ideia, em São Paulo, 57% do dinheiro doado aos partidos que elegeram os atuais vereadores saíram de empresas de construção civil e do ramo imobiliário. Tivemos de ir à público para deixar claro de que não precisávamos de um só tostão para acender o interesse do cidadão na política local. Tínhamos a pretensão (e como somos ainda pretensiosos!) de qualificar o trabalho legislativo com a participação popular e, assim, ajudar no desenvolvimento do ambiente urbano, pois é na Câmara Municipal que se votam as leis que irão reger nosso dia, além de serem os vereadores os responsáveis por fiscalizar as ações do prefeito e da prefeitura e a gestão do dinheiro público, o nosso dinheiro. Queríamos apenas praticar a cidadania.

Ao colocar uma ideia embaixo do braço e sair do Maranhão para desbravar o Brasil com a proposta da Lei da Ficha Limpa, o juiz Márlon Reis também recebeu olhares desconfiados. Magistrado e consagrado em sua posição, melhor seria se ater às letras dos livros jurídicos e se acomodar na burocracia dos tribunais, aproveitando as mordomias do cargo e o ritmo do samba e do baião, nos momentos de prazer. Preferiu fazer política ao seu jeito. Assim como havia se engajado na campanha de combate à corrupção eleitoral, depositou sua fé no projeto que lhe foi entregue em um envelope de papel, na sede da CNBB, em Brasília, levou sua crença a todos os cantos e contaminou pessoas que, como ele, entenderam que o Brasil tinha de ter instrumentos para constranger políticos inescrupulosos e combater a prática da compra de votos. Nessa caminhada cívica, por estradas também virtuais, já que a internet foi extremamente importante, Márlon ouviu muita gente dizer que aquilo não daria em nada, e, se aprovada um dia, seu destino seria o lugar-comum das muitas leis que não pegam no país. Ao contrário, porém, sequer havia entrado em vigor e o caráter pedagógico da lei de iniciativa popular se evidenciava, ajudando a educar a sociedade para a democracia, ao fazer com que o eleitor, antes mesmo de ouvir a promessa do candidato, quisesse saber: "o senhor é Ficha Limpa?". Hoje, pedimos ficha limpa para todo serviço público; ficha limpa para contratar e ser contratado.

O juiz maranhense sabe que é apenas um personagem dessa história, tão importante quanto todos os outros cidadãos que se mobilizaram com a mesma intenção e juntos criaram um fenômeno que o professor Augusto de Franco, criador da Escola de Redes, identifica como *swarming*, uma espécie de enxameamento criado pela dinâmica da rede, que tem sido o provocador de muitos movimentos sociais e políticos no mundo. Ciente de seu papel e certo de seu tamanho diante da dimensão dos fatos, Márlon Reis tem credenciais para contar essa história e analisar o atual cenário da política brasileira. E faz tudo isso apenas por patriotismo. O que não é pouca coisa, senhor deputado.

Mílton Jung
Jornalista da rádio CBN e
criador da rede Adote Um Vereador

Parte I

O despertar do gigante

Para começar a acordar

"O gigante acordou."

A frase, presente em muitas das mobilizações sociais que agitaram recentemente as ruas em todo o país, foi inspirada no nosso Hino Nacional para anunciar um novo tempo onde supostamente despertamos como sociedade para o nosso dever de exercer plenamente a cidadania.

Assistimos a uma inédita ação coletiva que nos faz refletir sobre a sobrevivência da omissão que sempre nos atribuímos como brasileiros. Se por um lado não há como negar que um grande número de pessoas saiu às praças pela primeira vez – o que justifica a alusão ao gigante que finalmente abandona o leito esplêndido -, não podemos esquecer que vem de longe a construção de um Brasil mais crítico, irresignado, capaz de se engajar em causas que ultrapassam os limites da perplexidade omissa que sempre marcou nossa cultura política.

Argumento que o brasileiro já está acordado há muito tempo, embora não esteja costumeiramente agindo em consonância com esse estado. Ainda assim, não foram menores os momentos em que saímos às ruas para afirmar nossa condição de cidadãos cientes dos nossos direitos.

Hoje uma complexa teia de redes de organizações sociais desenvolve uma transformação silenciosa, mas eloquente.

Ouvi de Henrique Ziller, do Instituto de Fiscalização e Controle, que as ações desenvolvidas pelos novos movimentos se voltam a um objeto de dimensões bastante significativas: a defesa da democracia.

Democracia é partilha real de poder, não a legitimação simbólica da dominação do Estado por uma minoria, seja ela composta por uma pequena porção de financistas ou pelos "iluminados" de um partido único.

A humanidade descobriu e demonstra – no Fórum Social Mundial ou nas ruas das cidades brasileiras – que a democracia pode e deve ser reinventada, aprofundada... democratizada. As pessoas agora cobram democracia de verdade.

De fato somos um povo que vem despertando aos poucos para as suas potencialidades como nação. E certamente não foi em 2013 que isso começou. O que vemos agora é a aparição de um fenômeno novo, que surpreendeu até os analistas mais atentos. A crítica agora se dirige à quase totalidade das instituições. Estamos todos insatisfeitos não apenas com o Estado e sua opções, mas com o "sistema" que concentra poderes, distribuindo privilégios para uns poucos e responsabilidades para todos os demais.

Após um segundo de espanto, logo apareceram os primeiros rótulos. Não faltou quem procurasse ver nos movimentos a marca do autoritarismo ou da anarquia. Não era nada disso. Assistimos a expressão dos que tinham – cada um – sua própria reivindicação, sua demanda. O novo estava na alteridade. Não se tratava de clamar pela atenção médica para um membro da família, mas de apontar o dedo, em sinal de censura, para um sistema público hospitalar escancaradamente falho, do qual busca escapar todo aquele que desfrute da menor condição econômica.

Enquanto uns se contorcem no corredor de um hospital em que faltam médicos e até gaze, outros recebem tratamento prioritário e imediato, igualmente pago com dinheiro público, no prestigiado Hospital Sírio Libanês, em São Paulo.

Não era só por escolas melhores para seus filhos que os manifestantes bradavam. Era por "escolas em padrão FIFA" para todos. Se é possível dar tanta atenção e dedicar tanto dinheiro aos esportes, por que não revolucionar o ensino marcado pela precariedade das instalações e por salários degradantes para os professores?

Noutro canto da praça alguém levantava um cartaz contra a Proposta de Emenda Constitucional (PEC) 37, levando para as ruas temas complexos que envolvem a legitimidade do Ministério Público para realizar ou conduzir investigações de natureza criminal. Não era uma causa pessoal. Nem era uma demanda de um grupo específico ou de uma categoria. Tornou-se uma bandeira geral, transindividual, levantada por pessoas que simplesmente desejavam ver satisfeito seu clamor por justiça e pela aplicação igualitária da lei.

O que não se pode compreender, trata-se logo de rotular. A diferença é que dessa vez nenhuma tentativa de carimbar acabou sobrevivendo. Ouvi de pessoas de direita: "São esquerdistas." E de pessoas da esquerda: "São fascistas." Todos estabelecem comparações a partir dos limites do conhecido. Mas agora o que se descortinava era verdadeiramente novo.

Merece registro o fato de que ninguém encontrou entre os manifestantes um só cartaz ou bandeira clamando por autoritarismo. Ninguém pediu a volta do regime militar, de triste memória. A voz coletiva parecia reivindicar algo diferente, que alguém uma vez decidiu chamar simplesmente de democracia.

Ainda precisaremos refletir muito sobre as causas desse movimento surpreendente. Mas já podemos concluir que ele dialoga com novos comportamentos vistos por toda parte do mundo, desde a Primavera Árabe até as manifestações de rua dos Indignados na Espanha e do Occupy Wall Street nos Estados Unidos.

"Somos os 99%", gritavam os jovens norte-americanos nas portas do maior símbolo do mercado financeiro mundial. Num cartaz, um adolescente sustentava "democracia se parece com isso aqui", em alusão à mobilização sem líderes tradicionais.

Em todos esses lugares, como no Brasil, ninguém foi à rua como uma central sindical para reivindicar e assumir melhores condições para uma negociação. Ninguém, simplesmente, foi às ruas para negociar. Ninguém pediu "meia saúde pública". Todos foram à rua com o propósito de cobrar algo indeclinável: atenção médica gratuita e de qualidade para todos.

Como dizia a juventude no Occupy, em relação aos planos traçados para todos pelos poucos líderes do mercado das finanças, "nós viemos aqui para duvidar e para disputar esse plano", não para negociar.

Os brasileiros igualmente não saíram às ruas para reivindicar o direito a integrarem a elite que faz uso de hospitais de ponta ou mandam os filhos para as melhores escolas privadas aqui ou no exterior. Afirmavam o básico, algo que a Constituição e as leis prometeram que seria assegurado de forma universal. Isso enquanto aviões da Força Aérea Brasileira cruzavam os ares levando membros do parlamento para ocasiões esportivas ou festivas.

O gigante, definitivamente, não acordou agora. Não estava dormindo o povo que clamou por Diretas Já, reivindicou a anistia e destituiu do poder, por corrupção, o ex-presidente Fernando Collor de Melo.

O gigante vem abrindo os olhos há tempos na ação de voluntários que integram um sem-fim de organizações sociais quase invisíveis, mas que hoje funcionam com uma fábrica quotidiana de valores. Falarei adiante sobre brasileiros de todas as formações que encontram no terceiro setor o espaço para a canalização de ansiedades que o Estado não é capaz de suportar e que a iniciativa privada não tem por destinação atender.

Se você nunca ouviu falar da Amarribo, vai se surpreender quando conhecer adiante o trabalho de uma entidade nascida na pequena cidade paulista de Ribeirão Bonito, criada por pessoas que sentiram a vontade coletiva de fazer algo por sua cidade natal. A pequena entidade se tornou uma referência internacional e hoje lidera uma cadeia de duas centenas de organizações congêneres, todas vocacionadas para a promoção do controle social das administrações públicas.

Entidades da sociedade civil sem vínculo partidário, como a Conferência Nacional dos Bispos do Brasil e a Ordem dos Advogados do Brasil, congregam-se a diversas outras para conquistar leis de iniciativa popular contra a compra de votos e pela exigência de "ficha limpa" para os que pretendam disputar mandatos eletivos. Milhões de brasileiros subscrevem formulários de coleta de assinaturas. Outros milhões fazem uso das redes sociais para cobrar a aprovação dos novos padrões legais.

Existe um Brasil invisível que vem atuando há tempos e provocando mudanças naquilo que temos de mais precioso: a nossa cultura.

A consciência social crítica que motivou milhões de nós a irmos para as ruas em grandes protestos em 2013 não parte do nada, mas corresponde ao aumento do nível de indignação que provém da descoberta da injustiça e da crença de que as coisas podem e precisam mudar.

Talvez agora o mesmo analista apressado que tratou de rotular o que viu nas praças esteja agora vaticinando o fim desse movimento. Errará novamente se escolher esse caminho. Cada um de nós que não levantou um cartaz se sentia contemplado na ação dos que o fizeram.

A rebeldia cidadã constitui um dos maiores sinais de vitalidade de um povo. Quem arriscar tapar os olhos para não ver os acontecimentos , talvez esperando que o tempo trate de apagar as marcas do ocorrido, tem muito mais a aprender que os jovens brasileiros que cantaram o Hino Nacional sobre o teto de um lugar acostumado a esquecer a sua letra: o Congresso.

Aqui no Brasil também estamos reinventando a democracia, às voltas com as mazelas de um "colonialismo-de-nós-mesmos" que teima em sobreviver sob a forma da compra de votos, da ausência de uma educação emancipatória, do abuso do poder político, de partidos-capitanias, da escravidão política da mulher, das campanhas financiadas exclusivamente pelos ricos.

Quando falamos em despertar para a conquista plena dos direitos, cobramos na verdade a construção de uma nova democracia.

Longe de rebaixar a política, a sociedade quer potencializá-la, permitir que ela ocorra em um nível superior. Não é "natural da política" desviar verbas de um projeto governamental para a satisfação de interesses de um indivíduo ou de um partido.

O clientelismo reduz a democracia, amesquinha o debate político, vicia eleitores e candidatos e transforma os gabinetes em birôs de defesa de interesses pessoais.

Nas campanhas há agora pouco lugar para bandeiras; somos todos tratados como consumidores, não como detentores do poder político. Consumidores de um produto marcado por vícios que os impede de proporcionar a vantagem anunciada. E o pior, nem temos aqui um "Código de Defesa do Eleitor", como desejou Luciano Santos.

O que a sociedade deseja não é a criminalização da política ou o seu sufocamento. Pelo contrário, as organizações sociais que lutam pelo controle social e transparência das administrações públicas, pela aplicação plena da Ficha Limpa, pela instituição do voto aberto nos parlamentos querem ainda mais política e ainda mais democracia.

Hoje o clientelismo nivela por baixo o discurso político. O pragmatismo força alianças que um amigo, professor universitário na Espanha, disse duvidar. O dinheiro é a base exclusiva da eleição. Praticamente ninguém vence o pleito eleitoral sem muitos milhões a acalentar a ganância dos apoiadores mercenários. As exceções são mais que honrosas.

Mas perdemos o direito de lamentar a herança colonialista. É grande o número dos que agora constroem um futuro sem utilizar o passado como desculpa para nossas mazelas.

As organizações sociais que hoje pugnam por transparência não desejam enfraquecer a política, mas retirar dela esse manto que a desvaloriza.

Um partido que acolhe um candidato pela sua capacidade de mobilização eleitoral sem se ocupar por um instante de sua vida pregressa não precisa de maiores inimigos que seus próprios dirigentes.

A sociedade brasileira avança, aprende, educa-se e, com isso, dobram-se as exigências.

As cobranças já são muitas e não poderão ser adequadamente enfrentadas por quem não reconhece no soberano – o povo – o poder-dever de cobrar dos seus representantes temporários o respeito às suas obrigações mais elementares.

A luta por transparência e participação popular se confunde, assim, com uma luta em defesa da democracia. Não de uma representação distorcida, que inunda os mandatos com representantes de uma minoria mobilizada e opulenta, mas da maioria que reinventa silenciosamente a experiência democrática.

Uma nova democracia, verdadeiramente includente, brota na ação dos que hoje se mobilizam em favor da mudança da representação política e da expressão direta do soberano popular.

Vamos acordar que isso é bom... e inegociável.

O Brasil vai às ruas

No ano de 2013, o Brasil foi surpreendido por um grande número de manifestações de rua. Há tempos o país não experimentava o movimento de cidadãos nas ruas e praças com a finalidade de reivindicar direitos. A mobilização de grande número de brasileiros em torno de temas importantes da agenda nacional não é uma novidade. Várias outras vezes, o país já viveu isso. Para resumir a memória a um passado recente, tomemos como marco a aprovação da Constituição de 1988. Após isso, houve a grande mobilização nacional pela derrubada do poder do presidente Fernando Collor de Melo.

O episódio que culminou com o impeachment do presidente da República entrou para a história como um dos grandes momentos de mobilização nacional. Um pouco antes da promulgação da constituição de 1988, mais especificamente no ano de 1984, aconteceu outro capítulo que representa um marco da saída da sociedade brasileira às ruas em torno de objetivos comuns: o episódio conhecido como "Diretas Já". Neste momento, milhões de pessoas reivindicaram a antecipação do período definido pelos militares como adequado para realização das eleições presidenciais diretas, suspensas desde o golpe militar de 1964. Para os que vivenciaram em 1984 o movimento popular pelas eleições diretas para presidente da República, e, posteriormente, em 1992, pela deposição do presidente Fernando Collor, as imagens televisivas exibiam um número imenso de pessoas nas ruas, sem intensidade similar ao ocorrido em 2013. Parecia que o Brasil vivia novamente os grandes momentos onde a sociedade se organizou de forma pacífica para enfrentar imposições ou situações definidas por governos impopulares.

Entretanto, podemos afirmar que as similaridades param por aí. O que aconteceu a partir de junho de 2013 deverá ficar registrado nas mentes dos brasileiros, deverá impactar a leitura por acadêmicos da área de ciência política e sociologia e marcará a memória dos militantes políticos das mais diversas vertentes de pensamento. Determinados fatos necessariamente ficarão guardados na história contemporânea do Brasil e, claramente, estamos diante de um fenômeno inovador. Além disso, há também uma conexão entre esta nova realidade "mobilizacional" e aquilo que o Brasil já desenvolveu enquanto nação como padrões para mobilização social. Este capítulo tratará, ainda, das principais características que demarcam a singularidade deste movimento.

O Brasil teve oportunidade de experimentar uma realidade social inovadora, mas que pode sim, perfeitamente, ser explicada em termos racionais, embora para isso, seja necessário, ainda que temporariamente, pensar a sociabilidade do povo brasileiro de maneira menos tradicional. Uma sociedade conhecida pelo seu comportamento pacato foi, muitas vezes, alvo das dúvidas de estudiosos e até de cidadãos, sobre sua capacidade de agir à altura sobre ações consideradas contrárias ao interesse social e, muitas vezes, identificadas como comuns. A verdade é que, desde cedo, aprende-se a repetir, quase como um mantra, que o povo brasileiro é incapaz de reagir, de se mobilizar, de sair às ruas e de reivindicar seus direitos de uma maneira mais efetiva. Muitas vezes, na comparação com outros povos, o brasileiro chega à conclusão que, como nação, sempre se apresentou como "um povo pacato".

Vamos então a uma relação das principais características desse momento importante da história do país.

O primeiro aspecto a destacar nas manifestações de junho de 2013 é a sua origem surpreendente. De fato, os meios de segurança pública, as lideranças políticas e sindicais tradicionais e, até mesmo, os meios de comunicação, foram incapazes de prever com alguma antecedência mínima, a possibilidade de que aqueles eventos irrompessem, como de fato aconteceu. De fato, tudo começou de uma maneira relativamente simples, com reivindicações relacionadas à majoração de tarifas de ônibus. Ninguém imaginava que, em poucos dias, fosse possível que o Brasil alcançasse números imbatíveis de pessoas que se mostraram dispostas em sair às ruas e apresentar diversas novas pautas de reivindicação.

Se fizermos uma comparação dessas mobilizações com qualquer dos grandes momentos da história brasileira em que o povo saiu às ruas em grande número para apresentação de pautas reivindicatórias podemos verificar que, nos casos anteriores, a mobilização massiva foi sempre precedida de grande tempo de acúmulo de forças por parte das lideranças desses movimentos. Em junho de 2013, não. O que aconteceu foi que um número imenso de pessoas partiu para as ruas sem que qualquer sinal prévio e claro fosse dado. Todos os analistas foram pegos de surpresa e isso fez com que poucos fossem capazes de pesquisar com profundidade e lucidez tudo aquilo que acontecia e que era veiculado em todo o Brasil em tempo real pelos canais de televisão. Era como se um país inteiro acordasse dentro de um conto fantástico, surpreendendo a todos com a descoberta de que, finalmente, o povo brasileiro não era mais a nação tão pacífica e incapaz de reação que sempre imaginava ser.

Outra característica importante foi o caráter nacional das mobilizações. Cidades de todos os perfis se viram envolvidas em mobilizações com as mais diversas pautas, ou seja, todas as regiões do Brasil foram alcançadas por algum tipo de manifestação popular. Invariavelmente, todos os grandes centros populacionais do país foram atingidos. Cidades como São Paulo, Rio de Janeiro, Curitiba, Belo Horizonte, por exemplo, vivenciaram de maneira muito extrema cada uma das etapas desse processo "mobilizacional" sem precedentes. Mas não fica por aí porque, mesmo em pequenas cidades do nordeste, num outro polo, era possível encontrar manifestações que, se aproveitando do momento nacional, veiculavam pautas tão locais como aquelas relacionadas ao aumento do salário dos professores, por exemplo.

O fato de terem um caráter nacional, não significa unicamente que as manifestações se difundiram por todo o território. Esse tipo de dinâmica já tinha acontecido de forma similar, antes, como os já mencionados episódios de "Diretas Já" e do impeachment do presidente Fernando Collor. O que se inovou desta vez foi a multiplicidade de origem social e até de classe das pessoas envolvidas. Enquanto nas mobilizações anteriores as pessoas mobilizadas pertenciam a determinados grupos unidos por laços de interesse comum, como, por exemplo, por razões sindicais, agora, a nação brasileira se movimentava em suas mais diversas formas de expressão social. Grupos proletários e grupos não identificados por qualquer laço estavam juntos nas demandas de uma maneira absolutamente transversal, o que deve ser considerado um traço distintivo do momento. Então, o caráter nacional do movimento não decorre apenas de sua distribuição geográfica por todo território brasileiro, embora isto tenha acontecido, mas, também, da mobilização efetiva de diversos segmentos da sociedade, integrantes das mais diversas comunidades. Muitas vezes, sem que houvesse sequer um laço de classe ou de categoria entre si.

Uma terceira característica sobre as mobilizações de 2013 foi o fato de que não estavam sob a direção de partidos políticos ou movimentos sindicais e sociais já historicamente consolidados. Nas manifestações anteriores, sempre existia uma liderança representada por algumas dessas categorias. Ainda que a elas tenha acorrido um grande número de pessoas sem vínculo direto com partidos, é bem verdade que a convocação daquelas mobilizações se deu sempre por parte de lideranças sociais e políticas consolidadas. Todas elas pertencentes a grupos fortemente organizados e que desenvolveram sua capacidade de pressão ao longo das décadas que antecederam ao término da ditadura militar. É possível observar isso, lembrando que o próprio fim do período de exceção esteve ligado ao crescimento das mobilizações sociais institucionalizadas sob a forma de grandes sindicatos centrais e outros grupos de pressão. Dessa forma, era natural que os movimentos que anteriormente haviam levado os brasileiros às ruas fossem também fruto da capacidade de mobilização social daquelas forças que haviam nascido.

Nas manifestações de 2013, o caso é muito diferente. É bem verdade que alguns setores e pessoas podem ser identificados como responsáveis pela convocação das mobilizações, mas não é possível atribuir a elas liderança suficiente para que as pessoas decidissem deixar seus lares com o intento de ocupar ruas e praças gritando palavras de ordem, levando bandeiras e cartazes. Mais do que líderes, essas pessoas atuaram como convocadores, como aqueles que deram ciência aos demais de onde e quando as mobilizações aconteceriam. Agiram como catalisadores e divulgadores de um ato do qual, por alguma razão, o povo já estava previamente disposto a participar. Essa atuação de pessoas e organizações como responsáveis pela convocação e não pela mobilização efetiva é reforçada pelas características do movimento que virão descritas a seguir.

A primeira delas é a organização dos movimentos através dos meios virtuais. Enquanto as mobilizações passadas convocavam os cidadãos de forma tradicional – em reuniões na porta de fábricas, em uma comunicação dirigida a afiliados e a partidos ou em publicações realizadas em meios de publicação vinculados a grupos sociais específicos –, nas atuais se utilizaram de redes sociais como Facebook ou a emissão de mensagens por meio do Twitter. O Facebook e o Twitter passaram a ser os principais meios pelos quais se operava a convocação dos interessados em participar. Isso, em si, já é muito interessante, porque o uso das redes sociais permite que a mensagem transcenda a veiculação a meros grupos localizados ou a seguimentos marcados por interesses comuns. O uso do Facebook permite o compartilhamento da informação, enquanto que o Twitter viabiliza a sua propagação por meios absolutamente imprevisíveis, através do recurso conhecido como "retuitar", ou seja, passar adiante uma informação dada por alguém que seguimos nessa mídia social.

Nas redes sociais, sabe-se apenas da origem da mensagem, mas é impossível prever por qualquer mecanismo onde ela será capaz de chegar. Na convocação das mobilizações anteriores, feita por meios absolutamente tradicionais, já se identificava de antemão, o público a quem a mensagem convocatória se dirigia. Com a difusão pelos meios virtuais, a mensagem é lançada, mas o interessado na sua recepção é absolutamente desconhecido e absorção da mensagem por um público qualquer é igualmente imprevisível.

Outra característica importante da convocação realizada por ferramentas sociais virtuais é o fato de ela dar ensejo ao início do debate sobre a própria convocação. No mesmo meio em que se realiza o convite para a participação de manifestações na ruas, ali mesmo já se inicia uma eventual contestação ou afirmação dos seus propósitos, sem que seja possível estabelecer ao certo quem terá capacidade de participar do debate sobre a própria convocação. Essa dinâmica gera um universo de energia que é capaz de levar a informação para novos e imprevisíveis segmentos, ou seja, todos aqueles que de alguma forma se relacionam com os que estão interagindo na rede social.

Outra marca importante das mobilizações de junho de 2013 é multiplicidade de suas pautas. Nos momentos anteriores era possível ver uma organização em torno de temas focados como questões de interesse sindical, a volta da democracia, a anistia política ou o impeachment do presidente da República. As novas manifestações surpreenderam com as mais diversas pautas de interesse. Temas como a PEC (Proposta de Emenda Constitucional) 37 e a PEC 33, a chamada "cura gay", o ato médico, os gastos excessivos com a Copa das Confederações e o fim da corrupção, são alguns exemplos das muitas bandeiras levantadas por essas mobilizações. Isto ocorreu porque não havia simplesmente uma liderança capaz de definir uma pauta. Mesmo que tentasse, nenhum grupo organizado seria capaz de dirigir a atenção de todos os participantes a um só ponto de reivindicação. Aliás, a liberdade para ir às ruas em defesa da bandeira capaz de motivar cada um individualmente foi um dos fatores que tornaram possível o sucesso dos movimentos em 2013. É importante notar que muitas pessoas, instituições ou partidos políticos que tentaram aproximar-se desses movimentos após o seu início com a finalidade de apresentar pautas definidas entraram em confronto com uma forte oposição, que em alguns momentos chegou ao limite da agressão. A rua era o espaço da rebeldia, e essa rebeldia envolvia a liberdade das pautas reivindicadas.

Como percebeu o professor Flávio Reis, da Universidade Federal do Maranhão: "Quando se abriu a porteira, as ruas, que há muito se tornaram perigosas para o cidadão comum, voltaram a se tornar perigosas para os poderes instituídos, mais do que simplesmente para os governantes de plantão. A resistência aos partidos e organizações sindicais expressa a recusa das regras da representação e seus organismos, os zumbis que atravessaram o século XX. Não há nisso despolitização ou um traço simplesmente fascista como logo se apressaram a apregoar ou insinuar alguns, uma trama em processo para enfraquecer as 'instituições democráticas', quando a questão é justamente de seu estado de 'esclerosamento'."

A última característica é relacionada à similaridade que este movimento teve em relação a outros movimentos sociais que aconteceram em países diversos nos últimos anos. Podemos traçar um bom paralelo entre as mobilizações de junho de 2013 no Brasil e outros eventos como o Ocuppy Wall Street dos Estados Unidos, Los Indignados da Espanha e, movimentos diversos que marcaram o fenômeno conhecido como Primavera Árabe. A similaridade está no fato de que nas manifestações ocorridas no exterior estavam presentes todas as demais características da mobilização verificada no Brasil. São elas a origem surpreendente, o caráter nacional, a organização prioritária em meio virtual, a inexistência de lideranças convencionais, o afastamento de direções partidárias ou sindicais e a multiplicidade de pautas, embora, em alguns casos, tenha havido a concentração de esforços em torno da destituição de governos, o que acabou acontecendo em diversas partes do Oriente Médio.

Breve Histórico das Mobilizações

No dia 27 de agosto de 2012, a prefeitura de Natal, Rio Grande do Norte, determinou que as passagens do transporte rodoviário municipal fossem aumentadas em 20 centavos. Apenas dois dias depois, 29 de agosto, cerca de duas mil pessoas já se mobilizavam para realizar uma grande manifestação. Este pode ser considerado o marco inicial das grandes manifestações no Brasil, que ficaram conhecidas como as Manifestações de Junho. No encontro ocorrido dia 29 de agosto, ocorreu uma dura repressão por parte da polícia. A ação agressiva, em lugar de servir para dispersar os manifestantes e asfixiar seus ânimos, teve exatamente o efeito oposto. Como era de se prever e, no dia 30, o dia imediatamente seguinte, houve uma nova manifestação, dessa vez muito maior do que a ocorrida no dia anterior. Graças a esse movimento, no dia 6 de setembro, a câmara de vereadores de Natal decidiu revogar o aumento anteriormente concedido à tarifa de ônibus. Mas, em 13 de maio de 2013, houve um novo reajuste, o que fez com que, novamente, os manifestantes fossem para as ruas, desta vez, gerando confrontos ainda maiores.

Também em 2013, ocorreram manifestações em fevereiro no município de Porto Alegre, capital do Rio Grande do Sul, e em Goiânia, quando em 16 de maio houve uma forte movimentação para tentar impedir um aumento de tarifa que aconteceria poucos dias depois, em 22 de maio. Após muita discussão, no dia 13 de junho, as tarifas voltaram para o preço original (R$ 2,70) em virtude de uma ordem judicial proferida pela 1ª Vara da Fazenda Pública Estadual da comarca de Goiânia. Foi a cidade de São Paulo, entretanto, quem concentrou a maior energia "mobilizacional", servindo de estopim para a propagação do movimento em todo o território nacional. Nesta cidade, a tarifa de ônibus havia sido majorada no dia 2 de junho de R$ 3,00 para R$ 3,20. É curioso notar que no dia imediatamente anterior, primeiro de junho, o governo federal havia baixado uma medida provisória, justamente com a finalidade de exonerar o setor de transporte com o fim da incidência de PIS e COFINS, contribuições para a Receita Federal. A medida tinha por objetivo permitir que houvesse reduções ou, ao menos, fossem detidos reajustes nas tarifas de ônibus, às quais sempre são acompanhadas de forte impacto sobre os cálculos da inflação. Mas a medida não foi capaz de deter o aumento da tarifa na cidade de São Paulo.

O Movimento Passe Livre (MPL), organização que há anos trabalha com a finalidade de buscar solução para problemas na área do transporte, convocou na cidade de São Paulo atos que se realizaram nos dias 6, 7 e 11 de junho de 2013. Todos eles marcados por forte repressão, que culminou com a presença de feridos, tanto entre manifestantes quanto entre policiais. Foi justamente essa onda de conflitos que levou a mídia a noticiar o fato. No entanto, os primeiros registros nos meios de comunicação procuraram apresentar esses movimentos como obra de vândalos. A insatisfação gerada pela repressão e pelo modo como os meios de comunicação passaram a tratar o movimento fez com que ele se expandisse de tal forma que, no dia 13 de junho, realizaram-se novas manifestações nas cidades de Natal, Porto Alegre, Teresina, Maceió, Rio de Janeiro e Sorocaba. Naquele dia, houve também grande movimentação na cidade de São Paulo, e também houve uma ainda redobrada repressão policial que desta vez atingiu não apenas manifestantes como também vários jornalistas, o que fez com que, aos poucos, o discurso da imprensa começasse a mudar sobre a correção das medidas adotadas pelo sistema de segurança para tratar os manifestantes.

A partir daí, o movimento começou a crescer exponencialmente. No dia 17 de junho, 300 mil brasileiros protestaram em doze cidades distintas e todas as regiões do país. As manifestações ocorreram diariamente até o dia 21. No dia 20 de junho ocorreu o ápice das mobilizações quando mais de 1 milhão e 400 mil pessoas foram às ruas em cerca de 120 cidades no Brasil. Como resultado, houve uma redução em massa de tarifas de ônibus, em cidades como São Paulo e Rio de Janeiro. Em muitas outras capitais e cidades do interior, os prefeitos e câmaras adotaram medidas para reduzir as passagens. Esse é um resumo do período marcado pelo maior número de manifestações brasileiras nas ruas em toda a nossa história.

Restam algumas considerações importantes: muito embora o tema do aumento das passagens tenha servido de estopim para as manifestações, esse não foi nem de longe o aspecto crucial que levou às ruas todos os brasileiros. É certo que esta reivindicação serviu como um primeiro sinal da necessidade de uma reação. Entretanto, logo os brasileiros viram a oportunidade para apresentarem outras demandas. Cada um fazia o seu cartaz com o teor e a criatividade que lhe ocorresse no momento. O grande número de pautas mostra que todos aqueles que participaram das movimentações não estavam dispostos a seguir uma voz de comando única ou talvez, nenhuma voz de comando.

Wagner Cabral da Costa disse que "ao sair às ruas, as manifestações deram vazão às mais diversas insatisfações, desde questões de alcance nacional (como a defesa da reforma política, a luta contra a PEC 37, a crítica da corrupção e dos gastos excessivos com a Copa do Mundo, por exemplo) até problemas específicos de ordem regional e/ou local (insegurança pública, ausência de infraestrutura urbana). O alcance dos protestos impactou de forma desigual os três poderes da República (nos níveis federal, estadual e municipal), que, instados a sair da paralisia decisória pela *vox populi*, vêm propondo e adotando pactos e medidas visando responder à urgência da crise de representação".

Algumas questões que os manifestantes levaram às ruas veiculavam temas jurídicos complexos, como por exemplo, a legitimidade dos membros do ministério público para conduzir investigações. A PEC 37, que estava prestes a ser votada, pretendia impedir explicitamente os membros do ministério público de conduzirem investigações de natureza criminal. A proposta contava com grande apoio entre os congressistas e, era também lastreada pela adesão de organizações importantes, como a Ordem dos Advogados do Brasil. Entretanto, foi logo submetida à dura crítica social. Os brasileiros identificaram na medida um mecanismo para assegurar a impunidade, uma vez que os órgãos da polícia não desfrutam de tanta confiança da sociedade como os membros do ministério público estadual e federal. A consequência foi que as mobilizações ficaram repletas de cartazes que chamavam a atenção para a necessidade de rejeição da PEC, o que acabou acontecendo por votação da unanimidade dos membros da Câmara dos Deputados. Este resultado era imprevisível para qualquer analista. Semanas antes da votação, era possível verificar na câmara uma tendência irreversível de aprovação da medida. Mais adiante, o Congresso daria sinais de que estaria disposto a rever diversas medidas da sua agenda em proveito do acolhimento de reivindicações contidas nos cartazes levantados nas ruas.

As redes de mobilização social

Nós últimos anos tem sido cada vez mais frequente a referência a movimentos que não têm líderes. Nas manifestações de junho diversos governantes trataram de tentar identificar interlocutores para abrir processos de negociação. Essa sempre foi a forma tradicional de superar momentos de conflito e, por isso, esperava-se que a solução passasse pela abertura de "mesas de diálogo".

Não foi o que ocorreu. Tratou-se de convidar aos palácios pessoas identificadas por haverem assumido algum destaque na apresentação de reivindicações, como o Movimento Passe Livre, ou na convocação de pessoas para os protestos de rua. Mas não é difícil verificar que elas não falavam, nem reivindicavam para si essa posição, em nome de todos os demais.

Essa ideia pode parecer muito estranha. Como movimentos poderiam atuar sem a direção de líderes reconhecidos pelo grupo? É complicado compreender a nova forma de organização social experimentada em diversos campos.

De fato estão se ampliando os movimentos sociais que se caracterizam pela atividade "sem líderes". Na verdade, o que está se alterando é o próprio conceito de liderança.

Estamos habituados a considerar a liderança segundo os critérios clássicos apontados por Max Weber. Os líderes teriam por alicerce a lei, a tradição ou o carisma. A dominação legal decorre da aplicação de estatutos legitimamente convencionados. A dominação tradicional provém da fidelidade a regras de conduta aceitas ao longo do tempo, como se dá nas relações patriarcais ou no clientelismo. Já a dominação ou liderança carismática se define pela devoção conquistada por alguém capaz de convencer grupos de pessoas a segui-lo.

Essa concepção de liderança está sendo profundamente alterada por novas experiências de sociabilidade não baseadas em líderes legitimados pela lei, pela tradição ou pelo carisma para orientar a ação de todas as demais.

Muitos entre nós rejeitamos a ideia de que existam pessoas "mais capazes" de compreender toda a realidade e orientar a melhor saída para os problemas de todo o grupo. Quando começamos a crer que a saída passa pela inclusão de todos no processo decisório, começamos a pensar a democracia numa acepção ainda mais profunda, radical.

As organizações sociais tradicionais se apresentam organizadas sob uma forma piramidal. No cume está um líder convencional, formalmente reconhecido, tal como um presidente. Ele atua em nome dos demais e como tal está investido de poderes para tomar decisões que poderão afetar a vida de todos os que estão sob o seu domínio. Nesse tipo de organização, a presença de um conselho ou diretoria dotada de alguma pluralidade não nega a concentração de poderes nas mãos do presidente, nem representa uma real democratização da tomada das decisões, pois mesmo esse âmbito colegiado ainda é composto por uma ínfima minoria dos membros da sociedade.

A importância de fatores tais como a confiança nos demais membros da comunidade, o estabelecimento de normas de reciprocidade e a formação de redes sociais de interação devem ser reconhecidos como circunstâncias que dependem do desenvolvimento de formas mais complexas de comportamento político.

Essa vertente teórica – a Teoria do Capital Social – parte do pressuposto de que a cooperação social realizada em bases de confiança recíproca é capaz de criar e reforçar o comportamento cívico. Cidadania e civismo, aqui considerados acepções correlatas, parecem mesmo derivar da existência de meios propícios para o seu exercício.

O pertencimento a organizações sociais tais como associações, igrejas, clubes, sindicatos, partidos políticos e outras organizações sociais propiciam o meio adequado para o desenvolvimento de posturas políticas e para o fortalecimento de vínculos de corte horizontal, desfavorecendo o clientelismo e outras formas de dominação política.

Se já temos organismos sociais lutando há tantos anos por democracia e transparência, o que pode haver de novo em nossa marcha? Respondo que a novidade está na conclusão de que ninguém tem respostas prontas, que o futuro será construído pela imposição de poucos ou pela predisposição de muitos para dialogar. Optamos pela segunda alternativa.

As organizações sociais estão desfazendo as formas piramidais sobre as quais foram construídas, que concentravam poderes, atribuições e direitos nas pessoas dos seus dirigentes. Em substituição a esse modelo espalham-se as redes. Nelas, as associações civis e movimentos contemporâneos são geridos coletivamente, de modo horizontal, distribuindo entre todos os componentes o saboroso papel de participar das decisões. Do mesmo modo, essas entidades se unem a outras para, também sob a forma de redes, ampliarem seu potencial de impacto.

Os líderes institucionalizados e mesmo os carismáticos vão cedendo lugar a "lideranças adaptativas", que não reclamam para si a palavra final, mas que se lapidaram na arte de coordenar ações e facilitar a geração de consensos. Assim fica mais fácil caminhar lado a lado. Estamos aprendendo.

A seguir apresento um ótimo exemplo do que isso representa em termos práticos. Uma entidade vem servindo de referência para a edificação do trabalho em rede.

Todo brasileiro deveria dedicar algum tempo a pesquisar algo sobre a história da organização denominada Amarribo – Amigos Associados de Ribeirão Bonito.

A organização nasceu pequena, ainda em 1999, com o propósito inicial de angariar recursos em benefício da cidade. Entretanto, seus membros logo perceberam que havia um problema maior a ser enfrentado: o desvio das verbas públicas em âmbito local.

Filhos ilustres da cidade – com formação em áreas como direito, administração e auditoria – elaboraram um livro que hoje é leitura obrigatória para todos que desejam ver o Brasil atacar de frente esse mal endêmico que é a corrupção. *O Combate à corrupção nas prefeituras do Brasil*, agora em sua quarta edição, contém dicas excelentes sobre como identificar práticas ilícitas voltadas à apropriação indevida de recursos públicos. A obra está disponível para download no sítio eletrônico da entidade.

Com as lições contidas na obra, qualquer movimento local por transparência na administração passa a dispor de ferramentas úteis para a identificação do desvio de verbas e a tomada de providências para a responsabilização dos infratores.

Desde o surgimento, a Amarribo foi a responsável pela destituição de dois prefeitos de Ribeirão Bonito, ambos flagrados se apropriando de verbas destinadas às políticas públicas. Por influência desses fatos, o mesmo ocorreu com dezenas de outros mandatários em vários pontos do país. Por isso mesmo, a entidade se tornou a inspiração para o surgimento de muitas outras, estando hoje no centro de uma rede de organizações que congrega 207 associadas.

Essa história de sucesso fez com que a entidade que nasceu modesta hoje esteja pronta para voos ainda mais significativos.

A organização alterou recentemente os seus estatutos para tornar-se a Amarribo Brasil, voltando agora seus olhos para todo o território nacional. Hoje, a organização nascida na pequena Ribeirão Bonito é o contato da Transparência Internacional no Brasil, estando a caminho de se tornar o capítulo brasileiro da entidade referência do combate à corrupção em todo o mundo.

Por todas essas considerações, sugiro a cada democrata um gesto simples: visite a página da Amarribo na internet e conheça tudo o que puder sobre esse grupo de cidadãos que está mudando silenciosamente a história do Brasil da única maneira possível: agindo localmente, de forma coordenada e persistente. A atuação sob a forma de redes, pautada pelo diálogo e pela colaboração, dá em histórias bonitas como essa.

Todas as vezes que vou a Ribeirão Bonito volto para casa com energias redobradas. O Brasil tem jeito. Como disse a jovem Nicole Verillo, presidente da Amarribo Júnior, não basta acreditar em um futuro melhor; é preciso fazê-lo acontecer.

Parte II

Mudando a estrutura da política

Como a sociedade aperfeiçoa a democracia

Quero aqui compartilhar a história do Movimento de Combate à Corrupção Eleitoral e das suas importantes conquistas para a sociedade. Tudo começa ainda na época da Assembleia Constituinte, entre 1985 e 1986, quando determinados movimentos, que passaram quase despercebidos pela maior parte da sociedade, tornaram-se as chaves para a abertura de portas que nos conduziram até onde estamos agora.

Durante o processo de elaboração da Constituição, descortinou-se a possibilidade de apresentação de emendas populares. Não havia uma definição formal de como seriam essas emendas e sobre aquilo de que elas poderiam tratar, mas decidiu-se convidar a sociedade para participar da discussão. Um grupo formado por membros da Ordem dos Advogados do Brasil (OAB) do Rio Grande do Sul e da Comissão Justiça e Paz da Arquidiocese de São Paulo, decidiu coletar assinaturas para propor a criação de um dispositivo constitucional que previsse mecanismos de exercício da democracia direta. Eles coletaram 50 mil assinaturas entre cidadãos e inicaram a incidência cívica sobre a Constituinte que deu origem ao artigo quatorze da Constituição da República. A norma prevê mecanismos de iniciativa popular, plebiscito e referendo, tema que nunca estivera em nenhuma constituição anterior.

Constituição brasileira alguma havia previsto mecanismos de exercício direto do poder pelo soberano, ou seja, pelo povo, que, de acordo com o parágrafo único do artigo primeiro da Constituição, é o verdadeiro detentor do poder político. O grupo que coletou essas assinaturas, afinal acolhidas pela Assembleia Nacional Constituinte, deu ao povo dispositivos para expressar diretamente a sua posição perante o Estado acerca de temas fundamentais de interesse geral.

Esse dispositivo, no entanto, embora tenha sido inserido na Constituição, ficou sem uso por quase dez anos, até que a Igreja Católica realizasse uma Campanha da Fraternidade com o tema "Fé e Política". O ano era 1996. O objetivo era promover uma discussão com a comunidade a respeito da relação entre cultura cristã e política e sobre os possíveis diálogos entre essas duas esferas da ação humana. Como em todas as Campanhas da Fraternidade, além dos temas gerais de discussão, a Igreja havia preparado material para debates nas comunidades. E em um deles, o assunto eram os problemas que as eleições brasileiras vinham enfrentando (e que continuam enfrentando ainda hoje). A questão central desse debate era: "quais são os maiores problemas das eleições?"

Após terminada a campanha, essa ideia manteve-se de pé, e, como fruto das discussões e da mobilização da comunidade católica em torno do tema, subsistiu entre os participantes da iniciativa a sensação de que era necessário fazer algo concreto a respeito. Foi então que a Comissão Brasileira Justiça e Paz decidiu elaborar, com a ajuda da Universidade Cândido Mendes do Rio de Janeiro, um formulário de pesquisa a respeito do processo eleitoral brasileiro. Por meio de poucas perguntas objetivas, o questionário visava identificar os principais problemas das eleições. A pesquisa foi enviada a todas as paróquias do Brasil, e milhares de pessoas responderam. Os padres recebiam os formulários e os encaminhavam às pessoas que frequentavam suas igrejas, pedindo-lhes que debatessem o assunto coletivamente e que respondessem o questionário.

Verificou-se que a grande maioria da população identificava dois problemas principais: a compra de votos e o uso eleitoral da máquina administrativa. Mas, com essa informação em mãos, era preciso perguntar-se o que fazer a respeito, e foi então que os mecanismos de iniciativa popular entraram em jogo. Decidiu-se utilizar aquele dispositivo de que falei, inserido na Constituição quase dez anos antes, para criar um projeto de lei de iniciativa popular com normas que estabelecessem que comprar votos deveria levar alguém a ser afastado da eleição – porque, por mais incrível que pareça, ainda não existia nada assim na legislação brasileira.

Até então se tratava a compra de votos apenas como crime. Mas isso não resolvia, já que para alguém sofrer uma pena criminal é preciso aguardar-se o trânsito em julgado, ou seja, que não fosse mais possível a utilização de algum recurso. Assim os mandatos terminavam sem que o processo penal chegasse ao fim. Isso desestimulava o uso dessa medida, que caiu praticamente no esquecimento.

Cabe destacar que um dos principais nomes entre os que haviam coletado as assinaturas para a inclusão do dispositivo sobre a democracia direta na Constituição era Francisco Whitaker Ferreira, o "Chico" Whitaker, integrante da Comissão Justiça e Paz da diocese de São Paulo, que na época da Campanha da Fraternidade sobre o tema da política ocupava a secretaria executiva da Comissão Brasileira Justiça e Paz da Conferência Nacional dos Bispos do Brasil. Sua dedicação pessoal marcou esses dois momentos históricos.

A decisão de utilizar a iniciativa popular para modificar a legislação eleitoral permitiria pela primeira vez a criação de uma medida eficiente de combate à compra de votos. Antes, o que existia era uma norma penal que jamais era aplicada, simplesmente porque, como expliquei, normas penais não são eficientes contra esse tipo de conduta irregular. De fato, é possível dizer que o direito penal não serve para barrar fatos sociais. Quando alguém lhe disser que determinada coisa está errada e que a solução é criminalizá-la, saiba que essa concepção contém um grande erro. O direito penal não cumpre este papel. Muito mais eficaz do que tentar deter uma conduta irregular por meio da criminalização ou do aumento de pena, é elaborar complexas ações sociais. Não existe lugar no mundo onde haja uma pesquisa relacionando aumento de penas e redução de criminalidade. Se assim fosse, veríamos drástica redução de crimes em lugares onde há penas exacerbadas, como a pena de morte. É seguro dizer que isso simplesmente não acontece em lugar nenhum. O que reduz a criminalidade, pelo contrário, são indicadores sociais – não existe alternativa. Neste caso, sim, abundam pesquisas comprobatórias. Encontram-se com facilidade estudos relacionando indicadores sociais, criminalidade e comportamento desviante. E, se falo disso, é porque essa relação também está presente no processo eleitoral.

Desde 1965, quando foi aprovado o código eleitoral, a legislação prevê como crime a conduta de compra de votos. Isso, entretanto, jamais impediu ninguém de praticar abertamente essa conduta. Ela continua constituindo um crime até hoje e continua sendo raramente descoberta e gerando alguma sanção. O que se decidiu, portanto, foi seguir um caminho diferente. Inseriu-se na legislação um dispositivo que determinava a cassação do candidato que comprasse votos, ou seja, a perda do poder, que é o bem mais desejado por quem está se candidatando a um cargo político. É um mecanismo, portanto, que vai direto ao ponto. Isto, sim, revelou-se extremamente eficaz, como veremos adiante.

Para elaborar o texto da iniciativa popular, foram convidados três juristas, um de São Paulo, outro do Ceará e outro de Minas Gerais. Eram o juiz Dyrceu Aguiar Dias Cintra Júnior, o procurador da República José Gerim Cavalcante e o advogado Aristides Junqueira, ex-procurador geral da República. Eles tinham como missão elaborar uma minuta de projeto de lei e cumpriram muito bem esse papel, idealizando dispositivos que mudariam a estrutura da legislação eleitoral.

Elaborado o texto do projeto de lei, muitos voluntários puseram-se a coletar assinaturas. É interessante observar que esses ativistas não imaginavam inicialmente que conseguiriam o número necessário para dar início ao projeto ou que, caso as obtivessem, elas acabariam permitindo de fato o aparecimento de uma nova lei. O que eles desejavam, em princípio, era utilizar o debate que se realizava dentro das comunidades, para ampliar a discussão a respeito do tema. Desejavam explicar seus argumentos sobre o problema da compra de votos às pessoas a quem pediam as assinaturas – porque não se pode esperar que alguém assine algo que não sabe do que se trata – para que essas pessoas aderissem à mobilização popular contra os problemas eleitorais do país. E nada mais.

Quando eles chegaram a meio milhão de assinaturas coletadas (precisavam de um milhão na época), perceberam que ficava cada vez mais difícil continuar. O projeto esteve perto de ser interrompido em virtude do cansaço.

Uma coincidência, entretanto, fez com que os ânimos se renovassem. Descobriu-se no final dos anos 90 que fiscais de uma subprefeitura de São Paulo estavam extorquindo comerciantes e que vereadores estavam envolvidos no esquema. O caso ganhou repercussão nacional e ficou conhecido como a "máfia dos fiscais". Chico Whitaker, estava em casa, com um problema na perna , quando assistiu a uma matéria sobre o caso no Jornal Nacional. Na manhã do dia seguinte, telefonou para a redação da Globo em São Paulo e falou sobre a coleta de assinaturas para a iniciativa popular contra a compra de votos, que, na opinião dele, poderia representar uma solução para problemas como o da máfia dos fiscais, na qual atuavam vereadores interessados justamente em conseguir votos ilicitamente. No dia seguinte, após mais uma matéria sobre o assunto, o jornalista Chico Pinheiro afirmou no ar que quem quisesse ajudar a combater esse tipo de irregularidade podia ligar para a Comissão Justiça e Paz da Arquidiocese de São Paulo e então informou o número da comissão. O problema é que haviam esquecido de entrar em contato com a Arquidiocese e avisado que esse número de telefone seria informado no telejornaliocese.

Isso fez com que uma enxurrada de ligações chegasse à Igreja no dia seguinte sem que sua equipe estivesse preparada para tanto.

Quando chegou a informação correta sobre o que havia ocorrido, a comissão passou a arregimentar voluntários por todo o Brasil para dar prosseguimento à coleta de assinaturas. Graças a isso, finalmente, alcançou-se o meio milhão que faltava para o alcance do mínimo necessário à criação do projeto de lei. As assinaturas foram levadas ao Congresso Nacional, e lá começaram os debates. Em um prazo recorde de 43 dias, desde a data de apresentação ao protocolo da Câmara dos Deputados até a sanção presidencial, foi aprovada a primeira lei de iniciativa popular da história brasileira – a lei 9.840 de 29 de setembro de 1999.

Para entender a dimensão do impacto dessa lei, basta saber que em 2009, última vez em que foi realizada uma pesquisa sobre o assunto, 675 políticos já haviam sido cassados por compra de votos em todo o Brasil. Antes dela, não havia notícia de sequer uma cassação por corrupção eleitoral no país.

A regra antes disponível falava em abuso de poder econômico. No entanto, exigia-se a prova de que esse abuso houvesse sido de tal ordem que tivesse sido capaz de assegurar o resultado da eleição, o que é chamado no direito eleitoral de potencial impacto do resultado da eleição. Mas provar que determinado fato havia sido responsável por alterar o resultado de um pleito era impossível. Se se descobria, por exemplo, que um candidato entregara dez cestas básicas em troca de votos, mas que ele ganhara a eleição com uma diferença de vinte mil votos em relação ao segundo colocado, a conclusão da Justiça Eleitoral era que, apesar de comprovada a distribuição de cestas básicas, ela representava uma proporção de somente dez votos em um total de vinte mil, o que impedia a cassação. Foi justamente contra esse tipo brecha na legislação que a sociedade se posicionou ao fornecer as assinaturas para a criação da nova lei.

De fato, a lei 9.840 não exige a prova do impacto da compra de votos, o que, na minha opinião, é a principal das duas características que mais contribuem em sua aplicação. A outra é a que determina que a sanção seja executada imediatamente, mesmo enquanto cabe recurso. Apesar da grande complexidade técnica que essa lei acabou tendo para o mundo jurídico, essas duas características fizeram dela uma lei eficiente.

O primeiro julgamento em que a justiça brasileira afirmou não ser mais necessária a comprovação do impacto, por conta da nova lei, aconteceu na cidade de Jussiape, na Bahia, nas eleições do ano 2000. Durante a campanha, uma eleitora havia pedido a um candidato a prefeito uma caixa-d'água, que era o que lhe faltava para terminar de construir sua casa. O candidato disse a ela para pegar uma caixa nova na casa de um conhecido, entregou-lhe um bilhete e disse que depois pagaria pelo bem. Após a eleição, vencida pelo candidato, alguém foi avisá-lo que a mulher não havia votado nele. O prefeito eleito foi então até a casa dela, acompanhado dos seus capangas, e retirou a caixa-d'água da casa da mulher. Com a intenção de reclamar o bem perdido, e não de denunciar o ilícito eleitoral, ela procurou a promotoria. Mas o promotor viu no caso uma captação ilícita de sufrágio, que é como a lei de incentivo popular tratava o assunto, e entrou com uma representação por compra de votos. O juiz eleitoral julgou a representação improcedente, porque considerou o fato de que a compra havia sido de apenas um voto e que o candidato havia vencido o pleito com uma vantagem de mil votos sobre o oponente. Aplicou, portanto, a ideia de potencialidade.

Houve recurso no Tribunal Regional da Bahia, que, por sua vez, manteve a decisão do juiz eleitoral, baseando-se também na falta de comprovação do impacto no resultado da eleição. Finalmente, o caso foi para o TSE, que, em 2001, decidiu por unanimidade, e pela primeira vez na história, que a lei 9.840 não exigia em momento nenhum a ideia de potencialidade e que ela apenas punia quem comprovadamente praticasse compra de votos, independentemente de quantidades. Com isso, o prefeito de Jussiape entrou para a história como o primeiro político cassado por compra de votos ao ser aplicada a ideia de que não é necessária a potencialidade. Os advogados dos políticos que passaram a ser cassados com base nesse princípio contestavam a destituição por parte do judiciário de mandatos outorgados "legitimamente" pelo povo por conta de um ou alguns votos comprados num universo de milhares, ao que a ministra Ellen Gracie, que fazia parte do TSE na época, respondeu com uma alegoria que demonstra o fundamento desse tipo de decisão. Ela fez uma comparação com o iceberg, do qual só se vê uma pequena parte, uma vez que a porção maior está submersa. No que se refere à compra de votos, disse ela, é impossível investigar quantos eleitores de determinado município receberam algum benefício em troca do voto. Quando se descobre um caso, entretanto, não é de um voto apenas que se está tratando, mas de uma conduta, um modo de proceder, já que quem se dispõe a pagar pelo voto de um eleitor é alguém que considera esse procedimento válido, incorporando-o inevitavelmente à sua campanha. Por isso, torna-se desnecessário desvendar todos os casos, basta descobrir um.

Ainda mais interessante é que a lei não fala na troca do voto por algo específico. Em vez disso, ela fala em dar, oferecer, prometer ou entregar algo ao eleitor em troca do voto, o que amplia os casos em que pode ser aplicada. Um exemplo é o que aconteceu em Sobral, no Ceará, onde um advogado disse em uma transmissão da rádio local que estava fazendo campanha para vereador e que, se alguém precisasse dos serviços de um advogado, ele os oferecia de graça. Não foi necessário investigar se alguém chegou a utilizar o serviço dele em troca do voto. Somente por ter oferecido o serviço, ele perdeu o mandato.

Portanto, graças a uma mudança conceitual no direito, realizada por iniciativa popular, saímos da ausência total de casos de sanção eleitoral por conta de compra de votos para uma prática condenatória que se tornou quase rotineira na Justiça Eleitoral. Não há julgamento em um tribunal eleitoral que não envolva casos de compra de votos. E, como disse anteriormente, os números são impressionantes. Eu não participei da iniciativa popular sobre a lei 9.840. Na época de sua criação, eu era um juiz eleitoral em uma das menores e mais isoladas cidades do Maranhão, a 1.150 km de São Luís, chamada Alto Parnaíba. No entanto, mesmo antes de tomar conhecimento dessa lei, já tinha o propósito de fazer algo a respeito, porque sempre me interessei pela política – cheguei a fazer parte do movimento estudantil na universidade –, mas, como havia me tornado juiz, não podia participar de atividades que envolvessem questões partidárias. Se eu não houvesse optado pela carreira da magistratura, entretanto, certamente teria me mantido envolvido em alguma luta partidária ou algo parecido. Meu destino foi irremediavelmente alterado pela minha opção profissional.

Já na magistratura, no entanto, continuava querendo colaborar com a política brasileira, embora já não pudesse nem quisesse me aproximar de nenhum partido. Percebi então que podia interferir justamente na "limpeza" das eleições, não apenas julgando as causas que chegassem até mim, mas também conversando com as pessoas, fazendo palestras, informando a comunidade. Passei, por exemplo, a comparecer à rádio de Alto Parnaíba para falar sobre a importância de não vender o voto, especialmente para difundir o conteúdo da lei de iniciativa popular que acabara de ser aprovada pelo Congresso.

Algum tempo antes, em 1998, um caso de compra de votos havia me deixado bastante chocado. Um candidato a deputado federal havia feito um comício quase em frente ao fórum de Olho d'Água das Cunhãs, comarca onde eu trabalhava então. Do alto do palanque, ele disse aos presentes que tinha muito dinheiro no bolso e dentro do carro e que o distribuiria a todo mundo – "porque eu não deixo amigo meu sem dinheiro", afirmou. E foi o que fez: começou a distribuir alguns reais a cada um dos presentes ao comício. Fiquei sabendo disso quando cheguei ao trabalho na manhã do dia seguinte. O fórum estava lotado de pessoas querendo me informar os detalhes do que acontecera e querendo saber se eu não faria nada a respeito. De fato, eu sabia que comunicar aquele fato seria uma enorme perda de tempo, uma vez que não havia punição para fatos como aqueles no Brasil. Mas ao repetir a cada um dos presentes que eu não faria absolutamente nada, fui tomado por um desejo de desabafar e de agir. Foi um momento que marcou muito a minha vida.

Então, quando fiquei sabendo, pela televisão, que a lei 9.840 havia sido aprovada, concluí que seria a ela que eu me apegaria. Tomei-a quase como uma bíblia e passei a dizer a toda a comunidade de Alto Parnaíba, de apenas dez mil habitantes, que lá não se compraria nem se venderia mais votos.

Foi quando conheci Chico Whitaker, que havia sido convidado pelo bispo da diocese de Balsas, Dom Franco Masserdotti, para fazer uma palestra sobre a lei 9.840, que acabara de ser aprovada. Ele convidou todos os juízes da região, além dos promotores, lideranças sociais, ativistas, pessoas da Igreja e de outros segmentos. Fui o único juiz a comparecer, porque já estava interessado no assunto. Terminada a palestra, fui falar com Chico e perguntei a ele o que poderia fazer para ajudar. E foi assim que, em 1999, me aproximei da CNBB e sua Comissão Justiça e Paz.

Em 2002, já havíamos avançado bastante na ideia de multiplicar comitês populares na defesa da lei 9.840 – comitês cujo objetivo era lutar para que a lei fosse realmente aplicada. Havia não mais que trinta quando sugeri a Chico que desenvolvêssemos uma atividade de integração desses comitês. Ele gostou da ideia e decidiu chamá-la de Movimento de Combate à Corrupção Eleitoral (MCCE), que acabou se tornando uma rede de organizações sociais com o objetivo de velar pela aplicação correta da lei 9.840. Os comitês populares fariam denúncias de casos de compra de votos, mas também lutariam para que a lei não fosse modificada. Isto porque começaram a surgir diversos projetos para alterar a lei 9.840. O que mais chegou perto de fazê-lo, apresentado em 2006, tinha por objetivo "aperfeiçoá-la", segundo o deputado que o propôs, ao argumento de que havia a necessidade de definir um prazo de apenas cinco dias para a abertura do processo de perda do mandato por compra de votos.

Houve então uma grande campanha nacional, que reuniu as várias entidades componentes do MCCE, até que conseguimos finalmente chamar a atenção da grande imprensa para o problema. Cheguei a dar uma entrevista para o Jornal Nacional onde afirmava que aqueles que estavam por trás desse projeto de alteração desejavam liberar a compra de votos no Brasil. E quem estava por trás era um deputado federal que era candidato à reeleição. Na manhã do dia seguinte, recebi uma ligação desse deputado. Ele estava completamente alterado e me disse que eu havia acabando com sua vida política. "Em plena eleição, o senhor, um juiz eleitoral, vem abalar a minha campanha", afirmou. "Como o senhor pode, sendo um juiz, interferir na eleição de alguém?" Respondi que, justamente por ser juiz, eu não podia me preocupar com a eleição de qualquer pessoa em particular; que quem deveria fazê-lo era ele; e que a minha preocupação era com a preservação da lei. Após um bate-boca, ele acabou recuando, e, já no dia seguinte, o projeto de lei havia sido retirado. Certo é que o MCCE foi necessário nesse embate e mostrou-se capaz de defender a lei, não apenas nesse momento, mas em diversos casos semelhantes.

Em 2007, eu estava em Brasília quando fui chamado para ser apresentado ao novo secretário geral da CNBB, Dom Dimas Lara Barbosa. Ele era bispo auxiliar do Rio de Janeiro, quando foi convidado para o cargo, e lá havia testemunhado coisas incríveis. À época, o narcotráfico e os milicianos vinham impondo que os moradores comprometessem seus votos e até mesmo proibindo campanhas de candidatos dentro das favelas. Só entravam pessoas apoiadas pelo narcotráfico ou pelos milicianos. Houve até o caso da eleição da filha de um líder da milícia, em 2004, que estava presa quando foi declarado o resultado da eleição. Ela assinou o diploma eleitoral dentro da cadeia. A Igreja decidiu então iniciar um debate sobre o assunto no Rio de Janeiro, com o objetivo de denunciar essa prática e iniciar uma campanha para impedir a participação eleitoral de pessoas condenadas.

Fui apresentado a Dom Dimas durante uma festa junina na sede da CNBB em Brasília – da qual ele participava como sanfoneiro. Terminada sua apresentação, fui até ele com um amigo da Igreja, Gilberto Sousa, que me apresentou ao bispo, informando-o que eu fazia parte do MCCE. "Ah, Márlon, eu precisava mesmo falar com você", respondeu o bispo. E me disse então que tínhamos uma coisa a fazer. Respondi que podíamos conversar, é claro, e sugeri combinarmos para outro dia, ao que ele contestou: "Não, isso é conversa de quem não quer fazer. Amanhã às três horas da tarde."

Quando cheguei ao gabinete do bispo, na hora combinada, ele me entregou um envelope, dentro do qual encontrava-se um projeto de lei. Estavam ali alguns dispositivos do que viria a ser a Lei da Ficha Limpa. Ele me disse que estava entregando o projeto ao MCCE e que era para tomarmos conta daquilo.

Trabalhamos no projeto de junho a dezembro de 2007. Reconstruímos todo o texto, reunimos juristas, debatemos com a sociedade civil e nas organizações do MCCE e montamos a minuta do projeto de lei a partir daquelas sugestões iniciais. Finalmente, no dia 10 de dezembro de 2007, aprovamos a campanha por mais uma iniciativa popular, a qual foi lançada em abril do ano seguinte. Coletamos 1,6 milhões de assinaturas em papel e contamos ainda com um recurso que havia tido impacto quase nulo na campanha sobre a compra de votos: a internet.

O movimento havia sido sempre muito ligado às ideias tradicionais de mobilização, motivo pelo qual não havíamos planejado a utilização dessa ferramenta. Mas o fato é que a internet, que havia avançado bastante nos anos anteriores, nos descobriu. Lembro-me que em 2009, o ano em que apresentamos a Lei da Ficha Limpa e também o ano em que me tornei usuário do Facebook, havia 900 mil usuários desta rede social no Brasil. Agora são 76 milhões! E não é apenas uma questão de quantidade. Diferentemente do Orkut, que nunca serviu bem para movimentos sociais – porque não possui ferramentas de compartilhamento e agregação –, o Facebook se mostrou especialmente útil em mobilizações. Usei-o, então, para criar um grupo sobre a Ficha Limpa, que se chama "MCCEFichaLimpa", que existe até hoje, e falei sobre ele ao mesmo Gilberto que me apresentara ao Dom Dimas. Lembro-me de dizer a ele, espantado, que já havia 500 pessoas no grupo.

O que aconteceu, no entanto – e é por isso que eu digo que a internet nos descobriu, e não o contrário – foi que os usuários ficaram sabendo do que estávamos fazendo e começaram a compartilhar a campanha. Quando criamos uma página, sem qualquer publicidade, pelo menos mil pessoas aderiam a cada dia, inicialmente. Ela nunca chegou a ter mais de 60 mil pessoas, mas nos mostrou como algo totalmente espontâneo pode crescer em torno de uma ideia na internet. Nunca houve ninguém operando essa página, ninguém trabalhando nela ou respondendo aos comentários dos visitantes, de modo a dar-lhe uma dinâmica adequada. Tudo que havia eram as minhas postagens esporádicas. E, ainda assim, uma infinidade de pessoas falava sobre a campanha e pedia apoio a ela. Para se ter uma ideia, uma consultoria informou certa vez que em apenas dois dias em maio de 2010 houve 200 mil tweets tratando da Ficha Limpa – uma ideia que inicialmente estava prevista para existir apenas no mundo das mobilizações reais e que, espontaneamente, foi levada ao mundo virtual.

Nossa única ação mais concreta na internet, e que gerou um impacto muito grande, aconteceu após sermos procurados pela Avaaz, site que agrega usuários da internet em torno de causas sociais. Nunca tinha ouvido falar deles quando recebi um e-mail da organização nos convidando para criar uma campanha no site, que ainda era muito novo – tinha apenas 150 mil usuários cadastrados quando começou no Brasil. A responsável pelo escritório no país, Graciela Tanaka, escreveu mais tarde um artigo em que dizia que durante a campanha Ficha Limpa, e por causa dela, a Avaaz passou de 150 mil para 600 mil usuários brasileiros. Hoje, são 4,8 milhões. Nesse artigo, que viria inclusive a ser publicado em um livro chamado *Ficha Limpa Interpretada por Juristas e Responsáveis pela Iniciativa Popular* (editora Edipro), ela relata como se deu o crescimento exponencial da Avaaz depois da sua aproximação com a campanha Ficha Limpa e passou a defender sua aprovação. A Avaaz coletou 400 mil assinaturas para uma petição on-line em que pressionávamos o parlamento.

Além disso, a campanha enviava mensagens de outro tipo. Nós identificávamos os deputados que eram as "bolas da vez" na análise do grupo e focávamos a campanha neles. Se o projeto estava na Comissão de Constituição e Justiça, por exemplo, a campanha se dirigia aos 25 deputados que faziam parte dela, e não a todos os 513 da Câmara. A orientação era divulgarmos os números de telefone dos gabinetes desses deputados para aumentarmos a pressão sobre eles. Eles recebiam centenas de telefonemas e e-mails enviados por usuários da Avaaz interessados em pressionar os deputados específicos de sua região. Como a Avaaz contava com um cadastro em que o usuário indicava sua cidade e seu estado, este foi um trabalho em que o site – numa época em que tinha somente algumas centenas de milhares de usuários – mostrou-se muito útil (hoje, com seus 4,8 milhões de usuários, imagino que esse papel seria ainda maior). Quem era cadastrado como usuário de Santa Catarina, por exemplo, recebia a lista dos deputados federais desse estado e podia falar diretamente com eles, exercendo assim um poder cidadão bastante ampliado.

Certa vez, ao chegar ao Congresso, ouvi de um deputado que ele não queria mais seu nome no site. Pediu para não receber mais e-mails, porque seu voto já era a favor da Ficha Limpa, e a cada dia chegavam a seu gabinete cerca de 5 mil e-mails. Pouco depois, um servidor do Congresso nos ligou anonimamente pedindo para que orientássemos os internautas a não escreverem "Ficha Limpa" no assunto dos correios eletrônicos, porque os gabinetes dos deputados haviam programado os filtros de seus programas de e-mail para detectar essas mensagens como spam e não mais recebê-las. A partir de então, para evitar tais filtros, os assuntos dos e-mails passaram a ser alterados frequentemente.

Algum tempo depois, no auge da discussão, um deputado afirmou que era um absurdo dizer que havia influência social no movimento pela Ficha Limpa. Segundo ele, não era necessário aprovar a lei, uma vez que não havia ninguém se manifestando nas galerias do Congresso. Na opinião dele, se a sociedade realmente estivesse interessada na aprovação da lei, as galerias estariam lotadas. Outro deputado, bem mais antenado, estava ouvindo o que ele dizia e respondeu que a questão dizia respeito justamente às galerias vazias, mas não da maneira como o primeiro a interpretara. "Se houvesse muita gente nas galerias", disse ele, "isso significaria que a votação era do interesse de alguma corporação, e não da sociedade. Nesse caso, eu diria que a mobilização seria coisa localizada. O fato de as galerias estarem vazias significa justamente que essa mobilização não é interesse de qualquer corporação, mas do Brasil inteiro. Só corporação lota galeria". O primeiro deputado ficou calado, e eu fiquei feliz de estar lá para ouvir essa conversa. Ficou claro para mim que eles sabiam o que estava acontecendo. E sabiam por quê? Por causa dos e-mails, das reportagens na imprensa e do que as pessoas debatiam no dia a dia. Foi isso que fez com que se aprovasse a Lei da Ficha Limpa.

Nós não temos dados precisos sobre quantos políticos foram atingidos pela Lei da Ficha Limpa, mas as matérias falam em números de 800 a 900, que é quase o total de atingidos pela lei 9.840 em mais de dez anos, numa só eleição. O impacto, entretanto, é muito maior, porque para cada um dos que foram declarados inelegíveis, há um número grande de outros que sequer tentaram se eleger, uma vez que a regra havia sido alterada. Houve casos em que o político tentava colocar em seu lugar um parente ou outro correligionário, por vezes até a esposa, mas ele mesmo sabia que, uma vez que se tornara inelegível, não adiantava mais tentar concorrer por conta própria. Por isso é difícil fazer um levantamento preciso sobre o impacto. Posso falar, no entanto, por João Lisboa, cidade de 30 mil habitantes onde atuo como juiz, a 12 km de Imperatriz. Somente lá, diversos ex-prefeitos e vereadores foram impedidos de se candidatar e por isso nem chegaram a participar das convenções partidárias.

Em Imperatriz, o candidato mais forte da oposição, que havia sido condenado por improbidade administrativa, tentou ser candidato, e o partido se recusou a conceder-lhe a candidatura. Mesmo em casos como este, a Lei da Ficha Limpa mostrou-se poderosa. Algum tempo depois, por exemplo, quando eu saía de uma festa de um amigo numa cidade do interior do Maranhão, uma pessoa se aproximou e disse que queria me agradecer pela Lei da Ficha Limpa. Respondi que o projeto não era meu, mas que várias pessoas haviam participado. "Mas eu sei do seu envolvimento e eu queria lhe agradecer", respondeu o homem. E completou: "Eu sou o perfeito daqui." Perguntei por que ele queria me agradecer e se ele havia ganhado porque o outro candidato fora declarado inelegível. Ele me disse que não, o outro candidato não era inelegível, mas ele havia vencido o pleito porque seu oponente era apoiado por vários ex-prefeitos que não haviam podido se lançar, por conta da Lei da Ficha Limpa, e que toda a sua campanha havia se dirigido contra os fichas sujas que estavam por trás do seu adversário. Assim, embora o oponente não tenha sido declarado inelegível, a Lei da Ficha Limpa fora responsável por sua vitória.

De fato, nesse município, o mesmo grupo dominava as eleições havia mais de vinte anos. E foi nesse contexto que um político do grupo perdeu o pleito. E como as mesmas pessoas estavam sempre no poder, diversos eram os atingidos por rejeição de contas e multas por desvio do patrimônio público. O que ganhou a eleição, por outro lado, era um servidor público nascido em outra cidade. Se ele venceu a eleição, disse-me, foi porque a Lei da Ficha Limpa lhe deu um mote para a sua campanha, um meio pelo qual pôde questionar a biografia dos que estavam por trás do seu adversário. Seus votos vieram da exposição do que estava errado na candidatura do oponente.

O mesmo aconteceu em Pedro Afonso, a cidade onde nasci, no Tocantins. Um político havia disputado as eleições para prefeito diversas vezes, e nunca havia perdido. Agora, ele tentava a reeleição novamente, mas foi declarado inelegível. Após recorrer, conseguiu uma liminar que permitia a continuidade da candidatura, mas, no dia da votação, descobriu que havia ficado em terceiro lugar. Todos os moradores da cidade com quem conversei me disseram que a campanha dele foi fulminada pelo fato de as condenações terem vindo à tona. Quando elas finalmente entraram no debate, após anos de continuidade política, seus votos minguaram. Se ele houvesse vencido, havia esperança de que os recursos lhe permitissem assumir o cargo mais uma vez, mas, uma vez que a população tomou consciência da sua conduta irregular, o indeferimento sequer foi necessário. Para mim, este é um aspecto muito mais importante do que a possibilidade de as candidaturas serem indeferidas: a não eleição pelo voto popular.

Quando alguém começa um debate sobre quem deve ter o controle sobre a viabilidade das candidaturas – o eleitor ou a lei –, digo que é o eleitor mesmo quem deve ter esse controle. O que estamos introduzindo, no entanto, são novos conceitos, não para substituir a cultura política da sociedade brasileira, mas para produzi-la, provocá-la, gerá-la. Porque a verdade é que antes não havia debate sobre isso. Sempre se achou que o melhor candidato é o que tem a maior chance de ser eleito, seja ele quem for, mas isso está errado. A campanha pela adoção da Ficha Limpa, portanto, foi feita – à semelhança da campanha pela lei 9.840 – com o objetivo de provocar o debate nas comunidades. É este o caráter da iniciativa popular, com seus formulários e conversas individuais. O objetivo maior não é nunca a aprovação da lei, mas a provocação do debate e da mobilização social. A diferença é que, como já havíamos vencido uma vez, nosso sonho não se limitava à campanha de mobilização – nós queríamos criar a lei, e conseguimos.

Para mim, pessoalmente – um dos momentos mais interessantes da conquista dessa lei foi o convite para conhecer o Bono Vox, vocalista do U2. Ao contrário de mim, que gosto de samba e baião, meu irmão mais novo é fanático pela banda. Quando disse a ele que o Bono queria me conhecer, ele ficou de queixo caído e sugeriu ir no meu lugar ao encontro. Um amigo meu postou no Twitter que havia conseguido o ingresso do show na última hora. Respondi que eu também iria, e ele quis saber se tinha sido difícil conseguir comprar. "Não", respondi, "vou a convite do Bono". Ao encontrá-lo, percebi que ele estava interessado especialmente na questão das redes sociais. Quis saber se o Facebook e o Twitter tinham ajudado na conquista da lei de alguma maneira. Respondi que sim, com certeza, e depois descobri por acaso, em uma reportagem, que ele era acionista do Facebook.

Agora, enfim, chegamos à terceira etapa dessa trajetória – a mais ambiciosa de todas. Aqui, um fator diferente exerce influência importante. Começamos este texto dizendo que quem compra votos na campanha tem que ser punido, mas vimos que isso não é suficiente, uma vez que a punição não impediu que os políticos continuassem a comprar votos. No máximo, eles se sofisticaram, deixando de agir da forma grosseira como agiam na década de 1990, quando chegou a existir um mercado de compra de votos. Em Cuiabá, havia gente que comercializava votos em praça pública. Agora, usam-se métodos diferentes, como a contratação de pessoas para carregar bandeiras, o que me parece das práticas mais aviltantes.

Acredito, de fato, que pagar para alguém agitar uma bandeira com o nome de um político é como pagar para ter sexo. O que a prostituição representa no mundo do sentimento, o pagamento por apoio representa no mundo da política. Depois de passar pelo movimento estudantil, onde vi tanta gente fazendo isso por ideologia, por paixão, ter que ver pessoas pobres, com a expressão sofrida, carregando bandeiras sob o sol durante dias inteiros em troca de pouquíssimo dinheiro, me parece extremamente abjeto. Pior ainda é saber que esses políticos têm plena consciência de que não estão enganando ninguém, de que é evidente para qualquer um que aquelas pessoas estão lá não para apoiar sua candidatura, mas para ter seu voto comprado – e legalmente, uma vez que essa prática é autorizada pela lei. É evidente que essas pessoas sentem-se gratas por ganhar algum dinheiro ao longo de alguns meses, e é lógico que esse dinheiro, e as promessas que sempre lhes são feitas pelos candidatos, serão suficientes para comprar seus votos e talvez os de suas famílias. Elas acreditam que o fato de terem trabalhado na campanha lhes dá proximidade com o candidato, que, se eleito, pensam, poderá lhes trazer algum benefício. Mas isso é claramente uma ilusão.

A compra de votos, portanto, se sofisticou, mas não se resolveu. Por isso, resolvemos dar um passo atrás. Em vez de darmos atenção à campanha, decidimos focar o momento da definição do candidato. E foi aí que criamos a Lei da Ficha Limpa. Ainda assim, no entanto, sabemos que o problema não está solucionado. A lei tem sido driblada de maneira desonesta por muita gente – gente que utiliza "laranjas" para concorrerem em seu lugar, gente que ainda não foi descoberta ou que explora alguma falha do sistema, porque devo admitir que existem falhas, embora nesse caso sejam do homem, não da lei.

A solução é ir ao ponto de partida do processo, à raiz da forma como se dá a candidatura. E ao falarmos em origem de campanhas eleitorais, estamos falando do financiamento dessas campanhas. O dinheiro, enfim, é a origem de tudo. No Brasil, temos um modelo de candidaturas pagas: quem tem dinheiro suficiente, vai às lideranças, que estão nos municípios, e pergunta quanto precisa pagar para que essas pessoas aceitem aderir à sua campanha. É um processo que, de tão usual, tem se tornado cada vez menos solene, sem exigência de qualquer ligação política. Antes, pedia-se determinada quantia para conseguir cobrir os custos da campanha na cidade. Hoje, a conversa é mais direta. O candidato pergunta à liderança local quantos votos ela tem e quanto o apoio custará. E pronto. Negocia-se o apoio e paga-se por ele – uma relação mercantilizada que já se tornou rotineira na política brasileira. É por isso que, sem contar os dados desconhecidos, 369 dos 513 deputados federais estão na lista dos que tiveram as campanhas mais caras nas últimas eleições. E esse número pode ser ainda maior se considerarmos o volume de dinheiro gasto pelos que não o declararam.

O Congresso Nacional, portanto, é hoje uma representação de forças econômicas do Brasil, e não da sociedade. É por isso que as ruas dizem que ele não nos representa. E elas estão certas. Os verdadeiros representados pelos parlamentares do nosso país são as empresas doadoras de campanhas, das quais somente as dez maiores doaram R$ 1 bilhão de forma declarada para a Justiça Eleitoral nos últimos dez anos. Vamos falar disso mais à frente, mas, por ora, só para ter uma ideia da importância desse tema, tenha em mente que 71% do dinheiro doado para as campanhas dos candidatos a prefeito das capitais em 2012 foram doados de forma oculta. E desse montante, 30% foram doados por apenas três empresas – dentre elas as maiores empreiteiras do país.

Em uma audiência pública no Supremo Tribunal Federal, convocada pelo ministro Luiz Fux, numa Ação Direta de Inconstitucionalidade (ADI) proposta para arguir a inconstitucionalidade das doações de campanha por pessoas jurídicas, usei esses dados para dizer que essa relação entre empresas e candidatos não é republicana. Mais do que isso: as pessoas que participam desse tipo de financiamento de campanha sabem que essa relação não é republicana, porque, se pensassem de maneira diferente, não precisariam recorrer a doações ocultas. Como veremos, as empresas não querem relacionar seus nomes a determinados políticos, mas querem que eles vençam as eleições. E os políticos não querem relacionar seus nomes a determinadas empresas, mas querem o dinheiro delas. É por isso que as doações são hegemonicamente feitas de forma oculta.

Certa vez, o editor-chefe do site Congresso em Foco, Sylvio Costa, me pediu para escrever um artigo com o título "por que as eleições são tão caras no Brasil" e me orientou a desenvolvê-lo da maneira que eu achasse melhor. Ele queria minha opinião a respeito desse tema. Assumi o desafio, mas passei vários dias sem escrever nada, até que, algum tempo depois, ao entrar em um avião, me sentei por coincidência ao lado de um senador, que me conhecia, como vários outros, por conta das nossas brigas no Congresso, especialmente durante a tramitação da Ficha Limpa, quando eu praticamente morava lá. Nós nos cumprimentamos, eu abri o notebook e então me lembrei do artigo. Escrevi o título e ia começar a escrever quando tive a ideia de perguntar ao senador o seguinte:

"Senador, me diga uma coisa, me pediram para escrever um artigo sobre por que é que as eleições são tão dispendiosas no Brasil. Mas o senhor sabe muito melhor do que eu. Então, por quê?"

Ele então me respondeu que o motivo é que nós temos que pagar pelos votos. "Os líderes são pagos", disse. "Comprados e pagos, e não há outro modo de ganhar. Essa é a única maneira possível."

Perguntei, então, se ele achava que não há mais espaço para a ideologia no Brasil, ao que ele respondeu:

"Não, não há. Existe um ou outro que consegue ter ideologia, mas isso é uma exceção muito rara. No meu estado, por exemplo, eu não conheço nenhuma exceção. Lá, disputa quem tem mais dinheiro. Você vai até uma pessoa capaz de mobilizar um grupo de eleitores e vê quanto precisa pagar para ter o apoio dela. É por isso que a eleição se torna cada vez mais cara. Porque é necessário ter dinheiro, cada vez mais, para pagar a essas pessoas, que cobram cada vez mais, porque é uma espécie de leilão. Elas não estão vinculadas a nenhum partido, elas aderem a quem pagar mais. Por isso, é preciso juntar cada vez mais dinheiro."

O que é certo é que as eleições brasileiras vão muito mal, e a tal reforma política é urgente. Na verdade, já faz tempo que ela deveria ter sido feita. Todas as outras reformas são dependentes dela. Sem ela, como vamos ter parlamentares sensíveis a questões educacionais, à saúde, à reforma tributária? Como vamos lidar com um Congresso composto da forma atual? Imagine que um grupo grande de pessoas decida partir em caravana para o Congresso Nacional para lá apresentar a um deputado um projeto de lei contra a corrupção. Quem é que acredita na facilidade de esse grupo ser ouvido, na possibilidade de ver esse projeto ser recebido e tramitar até ser aprovado? Ninguém, é claro.

Quando se trata de portos, no entanto, surge uma briga parlamentar que faz parar tudo e provoca sessões que adentram a madrugada para definir as empresas que irão geri-los. Porque, neste caso, é dos financiadores de campanhas que os parlamentares estão falando. É esta, a razão da diferença de tratamento. A tal briga parlamentar significa que os interlocutores parlamentares das empresas estão disputando interesses empresariais, o que nada tem a ver com o interesse do Brasil. Este, por sua vez, é solenemente ignorado, como bem sabemos nós que tivemos de coletar milhões de assinaturas, e ainda conseguir o apoio da imprensa – porque sem ela, mesmo as melhores ideias não prosperam –, para diminuir um pouco a dificuldade de nos relacionarmos com o parlamento. Trata-se de uma tarefa árdua para conseguir algo que um doador de campanha conseguiria com um mero telefonema.

Certa vez, fizemos uma reunião com deputados para tentar criar uma Frente Parlamentar em Defesa da Campanha Eleições Limpas. Logo que chegamos, enquanto procurávamos deputados com quem pudéssemos conversar, vimos diversas pessoas entregando um panfleto. Tratava-se da criação da frente parlamentar mista (porque era formada por deputados e senadores) em defesa da indústria da bebida. Eles já tinham horário e local agendados para se encontrarem com os parlamentares que a integravam. E você pode ter certeza de que, se as nossas reuniões atraem trinta congressistas, as deles atraem trezentos – os que já recebem e os que querem receber financiamentos da indústria da bebida. E, como esta, a indústria do fumo tem sua frente, os hospitais privados têm sua frente e assim por diante. Existem empreiteiras que, sozinhas, possuem bancadas que as representam no Congresso Nacional. Em uma entrevista que concedi certa vez ao jornal Valor Econômico sobre esse assunto, o repórter contestou que nos Estados Unidos as doações são empresariais, insinuando que essa prática não seria tão anormal. Respondi que o problema não é a empresa ser a origem do financiamento. Na verdade, as doações do empresariado brasileiro poderiam até ser menos questionadas noutras circunstâncias, desde que isso gerasse algo que é absolutamente necessário no financiamento de campanhas, que é a observância do princípio da multiplicidade de fontes. Se não há multiplicidade de fontes de financiamento, não existe democracia. A diferença está justamente aí. Nos Estados Unidos, há multiplicidade, e os empresários americanos doam ideologicamente.

Não estou defendendo o sistema americano, apenas dizendo que o modelo de financiamento deles não é comparável ao nosso. A verdade é que, tanto lá como aqui, o conflito entre os interesses da cidadania e os objetivos de lucro da grandes empresas sempre se resolve em favor destas. Mas o empresário americano que doa para os republicanos pensa como os republicanos e quer bancar as ideias do partido. Já o empresário brasileiro doa visando o negócio. E ele doa para todos, como veremos mais à frente.

Você conhece algum cliente do Banco Alvorada? Sabe onde fica alguma das agências desse banco? Ninguém o conhece, mas ele está na lista dos dez maiores doadores – é o banco que mais financia campanhas. Ele doa mais que o Itaú, que é o maior banco privado do Brasil, com larga vantagem. Doa mais que o Bradesco, que é outra empresa enorme. Todos os dez maiores doadores distribuem dinheiro indiscriminadamente, contanto que haja chance de vitória do candidato financiado, mesmo que remota. Pedir dinheiro para projetos sociais ou ambientais, por outro lado, é uma tarefa muito mais difícil. Tente requisitar verbas para o resgate de crianças em situação de risco e você vai ver como é difícil até mesmo ser ouvido. Se você conseguir chegar a tanto, mesmo que peça um valor baixo – R$ 20 mil, que seja – é provável que ouça uma resposta como esta: "Ah, nossa cota social é grande, mas já está comprometida". Mas para as campanhas políticas, dezenas de milhões são destinados em todas as eleições. Um deputado federal, hoje, gasta facilmente R$ 20 milhões para ser eleito. Este é o nível a que chegamos.

O assunto é muito importante. Por isso dediquei um capítulo desse livro a tratar do tema de forma um pouco mais aprofundada.

Assim, uma vez que não conseguimos impedir a compra de votos simplesmente proibindo-a, temos que ir, como eu disse, até a fonte do dinheiro. Por isso, fizemos um projeto proibindo a doação empresarial e substituindo-a por um modelo misto, público-privado, em que o cidadão é quem exerce o papel de doador, exclusivamente pela internet e por meio de cartão magnético. De acordo com esse projeto, tudo aquilo que não foi o cidadão quem decidiu doar, quem depositou a doação na conta única do candidato, deve ser considerado caixa 2, ou seja, dinheiro de origem ilegal.

Acreditar somente nesse sistema, entretanto, seria ingênuo, uma vez que ele seria incapaz de, sozinho, extinguir o caixa 2 das campanhas. É neste ponto que se torna necessário deixar claro, e aqui falo como juiz eleitoral, que não dispomos no Brasil de um instrumento para fazer uma auditoria desse sistema. Levando em consideração que não existe limite para os valores de campanha, os candidatos se encontram em posição confortável para justificar as doações. Como qualquer um é um doador em potencial, basta encontrar uma empresa disposta a afirmar que fez a doação e inseri-la na prestação de contas. Como não existe rigor na fiscalização desse sistema, e como a lei não estabelece um teto global de arrecadação, ficamos sem um parâmetro legal para estabelecer o limite entre o que é licito e o que é ilícito. Quando tenho de julgar as contas de campanha de uma eleição passada, sinto-me deprimido, porque sei que estou cumprindo um papel pago pelo Estado – mas que não passa de uma pantomima. Isto porque reunir um amontoado de notas fiscais, que não sabemos se de fato se referem ao que aconteceu, é extremamente fácil. É fácil encontrar um fraudador que tenha um leque de aliados no meio comercial apto a lhes vender essas notas. Para mim, portanto, ter que julgar aprovadas as contas de campanhas, e assinar embaixo, é a evidência de que estou cumprindo um papel fictício.

Para combater esse modelo, propusemos utilizar a tecnologia. A conta de cada candidato deve ser única e deve ser exposta na internet em tempo real. No momento em que alguém doar um valor ao candidato, esse dado deve aparecer para o público automaticamente.

Do mesmo modo, a saída do dinheiro da conta deve ser feita por via eletrônica. Somente nas cidades muito pequenas, com menos de 50 mil habitantes, vamos autorizar que o pagamento seja feito com cheque nominal não endossável, porque alguns estabelecimentos podem não possuir máquinas de cartão.

Para as cidades com mais de 50 mil habitantes, no entanto, não há exceção. Os doadores terão que pagar com o cartão, de modo a tornar possível o rastreamento da doação. Com isso, a auditoria torna-se possível. O que não fizer parte do ingresso e da saída de dinheiro, registrados de forma eletrônica e transparente, e em tempo real, será considerado caixa 2. O que esse instrumento nos dá, diferentemente do modelo atual, é um parâmetro. É esta a característica mais importante do nosso modelo – mais importante até mesmo do que alterar a fonte do dinheiro, o que, por si só, não resolveria o problema. Eu poderia ser questionado, então, sobre a necessidade de acabar com a doação empresarial. E o argumento é simples: mantê-la deixaria espaço para que a distorção se perpetuasse, uma vez que o dinheiro das empresas – apesar de chegar licitamente às candidaturas – teria um peso muito maior que aquele doado pelos cidadãos.

Para evitar isso, foi estabelecido um teto de R$ 700 por pessoa ou CPF, que poderia inclusive ser dividido entre vários candidatos. Em relação ao modelo atual, esse teto é baixíssimo, de modo que uma pessoa não possa exercer a mesma influência que as empresas hoje exercem. Com isso, o candidato que for capaz de motivar outras pessoas a fazerem doações terá mais dinheiro de campanha que um adversário que não conseguir gerar esse estado de espírito, o que está intimamente relacionado ao envolvimento da população no processo eleitoral e ao princípio da multiplicidade das fontes. De fato, só não defendo que a doação seja feita exclusivamente por cidadãos porque esta será uma transformação muito radical da tradição política brasileira, e porque os cidadãos, lamentavelmente, estão tão habituados a esperar dádivas dos políticos, e não a bancar as campanhas deles, que seria irresponsável da nossa parte simplesmente proibir o empresariado de fazer doações, o que poderia, inclusive, colocar-nos diante do risco de inviabilizar as campanhas. Afinal, precisamos ser honestos e dizer que o candidato que precisa pagar a alguém para empunhar uma bandeira está no lugar errado e não deveria ocupar-se com a política. Uma pessoa que não seja capaz de reunir em torno de si gente suficiente para levantar algum dinheiro e viabilizar o material de campanha deveria abandonar a política. Um líder precisa ser capaz de motivar as pessoas a acharem que sua candidatura é válida. Seria muito bom que o país contasse com políticos com esse perfil, pessoas que, inseridas em um novo sistema de financiamento, inverteriam o caminho das doações e, consequentemente, da escolha de candidatos. Atualmente, temos um cenário em que o político é escolhido para candidatar-se porque dispõe de mais dinheiro que seus adversários, independentemente de sua vocação. O que queremos é que, ao invés disso, ele seja escolhido porque está apto a governar ou legislar, que a partir daí as pessoas interessadas em sua campanha saiam em busca das doações necessárias para viabilizá-la.

É esta mudança cultural que estamos debatendo com a sociedade. Em muitos lugares do Brasil, neste exato momento, muitas outras pessoas estão discutindo esse tema, sobretudo nas igrejas. Conseguimos apoio da maçonaria, das igrejas evangélicas tradicionais (reunidas na aliança cristã evangélica). Diversas categorias profissionais entraram também na campanha, como o CONFEA e a Ordem dos Advogados do Brasil (OAB), que tem se mostrado entusiasmada com a nova campanha.

O Movimento de Combate à Corrupção Eleitoral, a Ordem dos Advogados do Brasil e diversas outras importantes entidades decidiram, no início de 2013, deflagrar o processo de redação de um novo projeto de lei de iniciativa popular, ao qual demos o nome de "Eleições Limpas".

Inicialmente, foram definidos com a sociedade civil os critérios para cumprir essa missão. O primeiro deles foi a necessidade de respeitar o texto exato da Constituição de 1988, pois entendemos que não exista força política capaz de modificar a Constituição nos pontos mais importantes para a realização da reforma política, em tempo suficiente para que as mudanças passem a valer já no ano de 2014. Além disso, avaliamos que é sempre arriscado mudar as normas fundamentais, em função do risco de introdução de medidas desfavoráveis à sociedade.

O segundo critério adotado foi o do consenso. Como cerca de cinquenta organizações da sociedade civil se envolveram de algum modo com a construção do projeto, decidimos que descobrir medidas aceitas por todas elas seriam um bom termômetro da receptividade do projeto pela sociedade. Vale alertar, no entanto, que consenso não é sinônimo de unanimidade. Construir o consenso às vezes implica ceder, abrir mão de algumas propostas para viabilizar o entendimento. Assim nasceu o projeto de lei construído pelo maior número de forças sociais até hoje reunidas com esse objetivo.

Agora formamos a Coalizão pela Reforma Política Democrática e Eleições Limpas, composta por cerca de cem entidades de grande expressão nacional. É um movimento muito maior que o realizado para a conquista da Lei da Ficha Limpa.

Após as manifestações populares de junho, ouvi dois líderes partidários, dizerem que a crise que o país enfrenta não é política, mas sim uma crise de serviços; que as pessoas estão descontentes com os serviços prestados, e não com a classe política do país; que elas não estão pedindo uma reforma política, mas sim a diminuição dos preços de passagens. A verdade – esta é a explicação que eu conheço para as manifestações – é que as pessoas estão nas ruas com bandeiras diversas, porque estão cansadas de não serem ouvidas e agora resolveram gritar. Há quem queira reclamar da saúde pública, que é péssima, e que os políticos não têm coragem de usar para o próprio tratamento ou dos seus familiares.

Há quem reclame da educação pública, que filho de político algum frequenta. E todos sabemos desses problemas há muito tempo, é claro, mas as pessoas não têm onde falar, porque o lugar onde falar numa democracia é o parlamento, é a câmara dos vereadores. Mas quem é que acredita que as câmaras de vereadores cumprem esse papel? Quem acredita nos deputados para resolver essas questões? Ninguém, é claro, porque as câmaras deixaram de cumprir essa missão há muito tempo. E é por isso, e não somente porque a qualidade dos serviços está ruim, que a população está nas ruas – porque essa é a única alternativa que lhe restou.

Você já pensou sobre a quantidade de parlamentos que foram invadidos? Até mesmo no Congresso Nacional os manifestantes entraram. Por que motivo o principal ato dos manifestantes de Brasília se deu no Congresso Nacional? Por que motivo, no Rio de Janeiro, a assembleia legislativa e a câmara dos vereadores foram invadidas? Os manifestantes estão entrando nos prédios onde deveriam se encontrar os centros da representação popular. E não é à toa. Quem está falando é o inconsciente coletivo, que sabe que esses são os lugares a serem civicamente ocupados. Não é o prefeito, não é o presidente, nem é o executivo de modo geral que tem esse papel. Quem deve ouvir e canalizar o que as ruas estão dizendo, e transformar em lei o que as pessoas sentem, é o legislativo. Ele é o verdadeiro centro da democracia, e é por isso que o centro do nosso projeto é também o legislativo, embora as regras de financiamento de que estamos tratando valham para todos.

O projeto contém várias normas sobre como compor o Poder Legislativo, inclusive alterando o sistema eleitoral. Nós não pretendíamos alterar nada na Constituição, porque para isso é necessária a concordância de três quintos do Congresso, o que sabemos ser impossível. A Lei da Ficha Limpa, que era lei complementar e exigia maioria absoluta, foi aprovada por pouco, porque os parlamentares não davam voto negativo, mas se retiravam do plenário. A aprovação foi unânime, mas tivemos 278 votos a favor, de um total de 513 deputados. Onde estavam os outros 235? Eles deixaram o Congresso, e posso dizer isso com segurança, porque os vi sair. Um deles foi o deputado Paulo Maluf, que se levantou da cadeira e deixou a sessão, passando logo à nossa frente. Muitos outros fizeram isso – foi a forma encontrada de dizer "não" sem precisar registrar para a história um voto contrário.

Para as leis ordinárias, entretanto, basta a aprovação por maioria simples, ou seja, pela maioria dos presentes. Não adianta sair, porque, ao fazer isso, o deputado está apenas delegando a decisão aos que ficarem. É por este motivo que escolhemos um projeto de lei ordinária, sem alterar nada da Constituição, uma vez que tudo aquilo que não está previsto na Constituição pode ser implementado por lei ordinária. Diferentemente do que aconteceu com a Lei da Ficha Limpa, que precisava ser uma lei complementar, agora temos um meio menos complexo para possibilitar a aprovação do projeto. Então, apesar da dificuldade que certamente enfrentaremos, se houver pressão social, a lei será aprovada. Por isso, nos beneficiando de um nível de organização muito maior que o que tínhamos em iniciativas anteriores, estamos trabalhando ao mesmo tempo no Congresso e na sociedade, coletando assinaturas e dialogando com os parlamentares, tentando sentir o tamanho da barreira que teremos de enfrentar e identificar potenciais aliados.

Temos a chance, finalmente, de mudar o sistema eleitoral brasileiro, e são duas as razões que me fazem acreditar nisso: em primeiro lugar, podemos contar com a pressão social. Sem ela, a Lei da Ficha Limpa não existiria, como disse recentemente o senador Pedro Simon, em entrevista à Globo News: "Não era para existir essa lei", afirmou ele. Ela só virou realidade porque os parlamentares perceberam que o impacto de não aprová-la seria insuportável para o Congresso. E é esse o processo pelo qual terá de passar a reforma política. Se não houver pressão social, ela não será aprovada.

O sistema eleitoral vigente permite que se vote em um candidato e se eleja outro. Os eleitores não entendem o sistema eleitoral complexo e irracional que hoje vigora no país.

Além disso, hoje a maior parte dos candidatos apresenta projetos pessoais, dando pouca importância para o programa de seu partido. Isso rebaixa o nível das campanhas, pois, em vez de privilegiar o debate baseado em propostas para o Brasil, dá-se espaço para o culto ao individualismo. Quem mais ganha com isso são os políticos clientelistas, que compram votos e prometem vantagens pessoais para os membros das suas comunidades.

Em substituição a esse modelo, que já se exauriu e causou a crise política que vivemos hoje, é que propomos a adoção do voto transparente. Nesse modelo inovador, assim como se vota em dois turnos para os candidatos do executivo, os eleitores votarão duas vezes para compor o parlamento.

No primeiro turno o eleitor votará apenas no partido de sua preferência. Quanto mais votos a legenda receba, mais vagas obterá no Congresso Nacional, nas assembleias legislativas e nas câmaras de vereadores. No segundo turno, o eleitor definirá os eleitos. Os candidatos serão apresentados pelos partidos, na proporção de dois para cada cadeira parlamentar obtida no primeiro turno.

O sistema é simples: no primeiro turno os partidos receberão votos em função de seus programas partidários, no segundo, os eleitores decidirão quais candidatos defenderão essas bases programáticas. Esse sistema permitirá uma redução do número dos candidatos da ordem de mais de 70% nas eleições municipais, conforme as simulações que fizemos se ele tivesse sido adotado na campanha eleitoral de 2010. Os candidatos, em menor número, poderão ser melhor conhecidos, e suas campanhas melhor fiscalizadas.

É importante observar que os candidatos que disputarão o segundo turno não serão escolhidos pelos "caciques" partidários, mas pelo voto de todos os filiados, em eleições primárias.

O voto transparente obriga os partidos a exporem as suas bandeiras e programas, diferenciando-se uns dos outros. É o único meio de obter votos no primeiro turno. Mas não se retira do eleitor a palavra final sobre os eleitos, pois no segundo turno o voto será dado aos candidatos – é o eleitor quem decide quem vai para ocupar a vaga.

Outra consequência da adoção desse sistema é que não mais existirá o "efeito Tiririca", pois os votos dados a cada candidato servirão somente para elegê-lo, e a nenhum outro.

Não se trata de uma invenção. O sistema do voto transparente é o fruto de uma nova apresentação do modelo atual. Agora vota-se ao mesmo tempo no partido e no candidato. Simplesmente separamos esses dois momentos para fim didáticos e de transparência.

O sistema do voto transparente foi concebido por Edson de Resende Castro, coordenador das promotorias eleitorais de Minas Gerais, Marcelo Roseno, juiz auxiliar da corregedoria do Ceará e por mim. Todos somos estudiosos do direito eleitoral, com diversas publicações nessa área.

Esse sistema eleitoral inovador traz consigo um desafio a ser proposto para reflexão: o melhor sistema eleitoral é aquele em que você, leitor, se encorajaria a convidar seus amigos a se unirem para participarem do processo eleitoral como membros de um partido. Esse é o melhor processo. Hoje o sistema eleitoral está tão desgastado, que há um afastamento das pessoas com uma formação ética mais definida.

Precisamos deixar claro que reforma política não diz respeito somente à eleição. É preciso, para além disso, reformar o Estado brasileiro. No entanto, enquanto não alterarmos as regras eleitorais, não haverá quem o reforme. Porque somente o Congresso pode fazê-lo. As relações atuais entre o legislativo e o executivo, esse presidencialismo de coalizão que é o câncer do Brasil, não acabará enquanto não alterarmos pontos essenciais da Constituição, o que será feito pelo Congresso a partir dos fundamentos do sistema, de modo a permitirmos que políticos de verdade sejam eleitos e finalmente substituam os usurpadores do poder.

O segundo motivo pelo qual acredito na viabilidade de mudar o sistema eleitoral brasileiro é o fato de que nossos problemas atingiram um nível tão alarmante, tão inaceitável e insustentável, que os próprios parlamentares já admitem a necessidade de mudanças. De fato, pesquisas realizadas dentro do Congresso mostram que diversos deputados reconhecem que nosso sistema é falido, uma vez que não gera segurança para ninguém – sequer para eles. Quem sai ganhando, atualmente, é somente aquele que é beneficiado pelo dinheiro levantado durante o processo eleitoral. Mas como as eleições estão cada vez mais caras, os próprios parlamentares sabem que não vão conservar suas cadeiras no Congresso a não ser que consigam levantar mais e mais dinheiro. É um sistema, portanto, que se esgotou até mesmo para eles. Já ouvi reclamações, inclusive, dos próprios deputados, que chegaram a me dizer que a lei pode ser aprovada, porque, para a maioria dos deputados, tem se tornado difícil ir atrás de financiamentos elevados a cada nova campanha. À exceção de uma minoria que sabe que terá todo o dinheiro de que precisar – e estes são os que darão o sangue para manter as coisas como estão –, os parlamentares têm consciência de que podem conseguir muito dinheiro e ainda assim não serem eleitos. Basta que os adversários consigam mais. É também por isto que temos uma chance: porque eles próprios sabem que o sistema atual é insustentável.

A importância dos partidos políticos

A origem dos parlamentos está ligada na Modernidade ao aproveitamento de uma ideia que surgiu ainda na Idade Média, fruto de concessões realizadas pelos monarcas absolutistas europeus ao desejo dos cidadãos de se verem representados junto ao Estado. Mesmo eles percebiam a necessidade de formar grupos de representantes entre a população com os quais pudessem empreender um diálogo que aproximasse a autoridade monárquica dos seus súditos. Com a evolução da experiência política, aprofundada radicalmente pelas revoluções europeias do século XVIII, os parlamentos se desenvolveram e passaram a ter uma importância muito maior para a sociedade. Em vez de se constituírem em meros grupos de representação popular junto a um poder inquestionável, exercido pelos soberanos absolutistas, eles passaram a ter um papel cada vez mais central na realidade política das nações.

Os parlamentos eram compostos inicialmente por cidadãos que representavam os distritos, que eram as unidades eleitorais representativas de regiões ou microrregiões dos estados nacionais. Os distritos eram, portanto, os espaços onde se davam as eleições dos indivíduos que representariam sua comunidade no parlamento nacional. É preciso, então, ter em mente estas duas informações iniciais: as eleições nasceram em espaços de seleção de indivíduos destinados a representar politicamente sua comunidade; e essa representação tinha um caráter sempre regional ou microrregional, de onde nasce a ideia de distrito. Por conta deste último fato, quando falamos hoje em voto distrital, não estamos propondo uma ideia que representa uma progressão na experiência política, mas sim uma regressão à origem das eleições nos tempos modernos, que estão diretamente ligadas à ideia da votação por distrito, ou seja, da representação política por indivíduos das regiões às quais eles estão conectados. Falaremos mais sobre esse tema adiante.

Agora, o que nos importa é discutir a origem dos partidos políticos. Esses indivíduos eleitos para representar seus distritos não demoraram a perceber que seria conveniente encontrar outros que tivessem pensamentos ou necessidades similares aos deles. Assim, poderiam se unir a essas pessoas e agir coletivamente, o que se mostraria muito mais eficiente do que a ação de indivíduos isolados. Por meio de grupos compostos por pessoas de ideias comuns, eles tinham a oportunidade de defender essas ideias dentro do parlamento de maneira mais eficaz – e foi daí que surgiram os partidos políticos.

Essa reunião de indivíduos em torno de objetivos comuns decorre graças ao aspecto gregário do ser humano. Ao longo da vida, estamos sempre em busca de grupos de interação, dos quais o primeiro é a família. Ao atuar no parlamento, o indivíduo sente necessidade de dar à sua voz um caráter coletivo – de se juntar aos seus similares para com eles defender interesses da comunidade. O partido político torna-se, assim, um espaço que permite esse encontro e onde se realiza a defesa do interesse plural.

Com o passar dos anos, no entanto, essa reunião de representantes da comunidade, que havia se iniciado de forma natural e intuitiva, passou a assumir aspectos desagradáveis aos olhos dos detentores do poder e também da sociedade. As próprias bases dos partidos políticos passaram a ser malvistas, e dizer que se fazia parte de um deles era motivo de repúdio. De fato, o próprio termo "partido político" teve durante muito tempo um sentido jocoso, indicando algo mais próximo a uma facção ou fração do poder político do que ao grupo de representantes a que originalmente se referia. O desenvolvimento das relações políticas, entretanto, acabou levando a sociedade a enxergar a força e a utilidade das ideias compartilhadas pelos partidos. Assim como "um mais um é sempre mais que dois", nas palavras do compositor Beto Guedes, a política mostrou que tinha muito a se beneficiar da ação coligada de indivíduos que conscientemente se aproximam para perseguir um objetivo comum. Esta ação, como a sociedade viria a perceber, tem impacto muito maior que o da ação de indivíduos isolados em busca de um mesmo fim. Tal ideia, que apresento aqui de modo claramente superficial, está na base da compreensão do fenômeno partidário. E assim, com o tempo, os partidos políticos ganharam importância cada vez maior, a ponto de se poder afirmar com segurança que não há hoje nenhuma democracia desenvolvida no Ocidente que dispense a atuação dos partidos políticos como instâncias de representação do pensamento social.

Podemos dividir a atuação dos partidos políticos em quatro importantes papéis. O primeiro deles é o de desenvolver políticas consistentes e programas governamentais. É função dos partidos – e uma das mais importantes – articular interesses e coordenar o pensamento político de seus integrantes, de modo que se possam formular alternativas de solução para os diversos problemas enfrentados na atividade política, como na economia, saúde, meio ambiente, defesa de crianças e adolescentes, mobilidade urbana, transporte e habitação. Estes e muitos outros são temas que devem fazer parte do debate cotidiano realizado no interior dos partidos. É a partir deste debate que surgem propostas de soluções para as diversas demandas sociais, o que faz do partido político o maior responsável pelo desenvolvimento de programas de governo. Cabe aos seus membros, no momento em que se lançarem em candidaturas, levar à sociedade os frutos desse debate coletivo.

Uma segunda tarefa importante dos partidos políticos é a de apreender as demandas da sociedade e defendê-las junto aos órgãos aos quais se dirigem. Trata-se de um papel de agregação de interesses, por meio da qual o partido age como um intermediário, identificando os anseios sociais e também o tratamento adequado a eles, de modo a formular as propostas que serão enviadas às instâncias capazes de atender esses anseios. Por ser composto de pessoas vindas de diversos âmbitos da sociedade, o partido é a instituição melhor preparada para assumir a tarefa de identificar as demandas da sociedade e promover sua defesa.

Outro papel reservado aos partidos políticos é o de selecionar e recrutar pessoas para ocupar posições no governo e no poder legislativo. O partido não é e nem pode ser um espaço ao qual os indivíduos recorram para defender seus próprios interesses. Ele deve, em vez disso, exercer uma política de recrutamento de personalidades que, agindo em afinidade com seus propósitos, sejam capazes de responder pelos interesses coletivos desenvolvidos dentro do grupo. Usando como base sua própria natureza socialmente heterogênea, o partido deve estar preparado para lançar sobre os membros da sociedade um olhar capaz de identificar, recrutar e promover os agentes políticos que influenciarão o futuro dos governos e do poder legislativo.

A quarta e última tarefa dos partidos políticos é a de fiscalizar e controlar os governos. Especialmente quando na oposição, ou seja, quando posicionados fora do governo, eles têm o papel de submeter a julgamento constante a atuação governamental, apontando falhas, apresentando alternativas e até mesmo denunciando desvios aos órgãos adequados.

Pelo que se viu até aqui, não é difícil notar que a grande maioria dos partidos políticos brasileiros falha completamente no cumprimento dessas quatro funções, que lhes deveriam ser inerentes. O primeiro entre os muitos desvios que podemos observar no partidarismo brasileiro diz respeito ao fato de que, até hoje, não fomos capazes de superar a noção de que a política é uma tarefa a cargo de indivíduos, que, como vimos, estava presente na fase mais remota da democracia moderna. De fato, temos uma prática política claramente marcada pelo individualismo e pelo autoritarismo. Ainda acreditamos em salvadores da pátria. Quando votamos num candidato a deputado, esperamos que ele seja capaz de fazer "a diferença" no parlamento, parecendo-nos pouco importante considerar o papel que ele desempenhará no coletivo político que integra, que é o partido, e menos ainda a sua capacidade de articulação de forças políticas no interior do parlamento. Esse culto ao individualismo mal esconde uma propensão ao autoritarismo, à ideia de que alguém pode possuir, sozinho, valores, virtudes e ideias suficientemente elevadas para apresentar-se como "salvador da pátria". É pouco usual vermos na política comum brasileira espaço para atuação eminentemente coletiva, e isso está na base da cultura que alimenta os desvios dos nossos partidos políticos. Se eu tivesse de selecionar três dos mais graves defeitos presentes na experiência partidária brasileira, citaria, além do individualismo, o caciquismo e o clientelismo.

O caciquismo diz respeito à existência dos donos de partidos. No Brasil, os partidos políticos contam, em regra, com pouca ou nenhuma democracia interna. Seus dirigentes se mantêm os mesmos ao longo dos anos, muitas vezes sem qualquer previsão de substituições sequer temporária. No âmbito local, isso se torna ainda mais evidente. Os partidos municipais possuem verdadeiros proprietários locais, que utilizam a legenda como seu patrimônio particular, incluindo e excluindo quem bem entendem por questões pessoais. O caciquismo se reflete ainda numa prática muito comum em nossa política: a intervenção das instâncias partidárias superiores nas inferiores. Cada vez mais, a estrutura dos partidos brasileiros impede que se constituam no âmbito municipal diretórios formados com base na lei. Multiplica-se, assim, o número de comissões provisórias. Diferentemente dos diretórios partidários, elas não garantem qualquer estabilidade aos seus integrantes. Sem maiores justificativas ou formalidades, o diretório superior pode destituir uma comissão provisória, substituindo completamente seu quadro. Por este motivo, é comum observar, sobretudo quando se aproximam as eleições, a troca de diversos integrantes de um partido em uma determinada localidade que vinham seguindo uma orientação diferente daquela que interessa aos membros dos diretórios estaduais e nacional. Prevalecem, desse modo, os objetivos centrais do partido nacional ou estadual, em detrimento dos interesses das comunidades locais, o que de modo algum pode ser classificado como uma prática democrática.

Pode parecer que as instâncias superiores dos partidos intercedam nos diretórios locais para fazer com que estes cumpram uma política estadual ou nacional de alianças, o que faria sentido. Mas não é isso que ocorre, porque essas políticas não existem. Se existissem, deveriam ser fruto de um debate contemplando todo o partido político, e não um pequeno número de pessoas situadas nos diretórios estaduais ou no diretório nacional. A partir desse debate, o correto seria que o partido desenvolvesse estratégias de ação que envolvessem, entre outros temas, é claro, a política de coligações. Esta, sim, a política de coligações democraticamente definida a partir da mobilização de todo o partido, definiria a necessidade de uma eventual intervenção para cumprimento de uma deliberação nacional. O que vemos hoje, portanto, é uma prática autoritária. Uma vez que o partido político não possui uma política clara de alianças, ele substitui essa lacuna pela prática despótica de impor aos diretórios inferiores uma política de alianças realizada de forma oportunista pelo órgão partidário superior. É, pois, o caciquismo que está por trás de todas essas práticas. Os partidos políticos brasileiros têm, em regra, donos, e isso não é de modo algum salutar para a democracia.

Outro defeito grave dos partidos brasileiros, que já mencionamos antes, é o individualismo, que faz com que eles se constituam em um amontoado de pessoas buscando isoladamente a satisfação dos seus interesses pessoais. Desde o momento em que ingressam nos partidos, as pessoas já pensam nas vantagens que isso lhes trará; como, por exemplo, numa futura candidatura a um cargo no poder legislativo ou no executivo; e contribuindo, desse modo, para que os partidos políticos brasileiros não passem de grupos de indivíduos que atuam isoladamente, cada um buscando a satisfação dos próprios anseios.

A terceira grave falha dos partidos políticos brasileiros é o clientelismo. Resultado da mistura entre práticas individualistas e autoritárias, ele diz respeito a uma relação política marcada pela existência concomitante de patronos e clientes. Patronos são aqueles que atuam como provedores de benefícios, e a clientela é o conjunto das pessoas que se orientam politicamente pela necessidade de usufruir esses benefícios. O clientelismo é uma grande defecção da democracia. Em lugar de agir pensando no bem comum, pensando em práticas que envolvam a conquista de padrões abstratos de civilidade, atua-se com o objetivo de angariar vantagens pessoais que serão desfrutadas exclusivamente por uma pessoa ou, quando muito, por sua família e amigos mais próximos.

James Scott traçou certa vez uma classificação em etapas do exercício do voto. A primeira, segundo ele, é a do voto imposto. Neste tipo de voto, o eleitor age movido por medo da violência, que pode ser física ou moral. A segunda etapa é a do voto como mercadoria, o voto negociado. Aqui, o eleitor tem a impressão de que seu voto constitui uma mercadoria que poderá ser submetida à troca, negociada em busca da satisfação de interesses pessoais. A terceira e mais avançada etapa é a do voto como expressão de aprovação ou desprezo por determinada prática ou personalidade política. Ela é a mais avançada porque pressupõe uma análise de fundo político que transcende os interesses puramente individuais, embora não negue sua importância e coexistência.

O clientelismo está completamente relacionado à segunda etapa, ou seja, ao exercício político que vê a atuação partidária como um negócio. E é por vê-la assim que essa prática tem influência não apenas sobre o eleitor, mas também sobre a outra ponta dessa relação mercantilizada – ela influencia as forças internas aos partidos, determinando a maneira como seus integrantes se comportarão. Assim, da mesma forma como o eleitor vota em troca de vantagens materiais para si ou para os que o cercam, os que estão no interior do partido se movimentam de acordo com o clientelismo, adaptando seu posicionamento político segundo as vantagens materiais ou imateriais que possam vir a beneficiá-lo no futuro.

Todos esses contratempos, presentes de forma hegemônica em nossa prática partidária, fazem muitos de nós procurar o caminho mais fácil e acreditar que deveríamos extinguir, ou, pelo menos, reduzir a importância dos partidos. É preciso ter em mente, no entanto, que esses problemas decorrem não da estrutura partidária em si, mas da fraqueza dos partidos brasileiros, que são incapazes de cumprir seus papéis primordiais. Como disse no início deste capítulo, uma democracia avançada sem partidos políticos ou baseada na ação de indivíduos isolados é inviável, o que nos leva a crer que, diferentemente de cairmos na tentação de defender o fim dos partidos, deveríamos dar mais atenção a eles. Precisamos lançar luz sobre os partidos políticos no Brasil. Precisamos nos esforçar por mudá-los e dar-lhes vigor, o que somente pode ser conquistado por meio de uma ação de extrema importância: precisamos, mais do que nunca, democratizar os partidos políticos brasileiros. Esta, é claro, não será uma tarefa simples. Interpõe-se em nosso caminho uma cultura muito antiga de autoritarismo e de exercício de política de cúpulas.

Os partidos, em primeiro lugar, deveriam ser vistos como redes de atuação. Reporto-me a tudo que falei quando tratei das redes de intervenção social. O partido político hoje é uma pirâmide, que tem na sua cúpula a presidência, seguida da executiva partidária e de todo o diretório nacional. Essa estrutura piramidal é reproduzida nos estados e municípios, levando-se em conta que quanto mais alto se está nesse mecanismo estrutural, mais poder se tem para tomar decisões definitivas que orientam todo o alicerce partidário. Essa, no entanto, é uma forma ultrapassada de pensar a política. O partido político deve atuar a partir de baixo. A criação do programa partidário deve partir das comunidades ou, se preferirem, das ruas. São as unidades locais do partido que estão melhor preparadas para captar as ansiedades sociais. Unindo as percepções de todas elas, deve-se criar uma leitura que responda pelo conjunto dos interesses do estado. Esta, por sua vez, deverá ser reunida às leituras dos outros estados, de onde surgirá um retrato fiel dos pensamentos predominantes no contexto nacional. É este o caminho que deve trilhar a criação de um programa partidário – de baixo para cima.

Os diretórios partidários, por outro lado, devem ser compostos democraticamente, o que significa um envolvimento real dos filiados. Hoje, em regra, os filiados nada sabem e nada querem saber dos partidos aos quais se vincularam. Inicialmente, na verdade, eles são recrutados por conta da exigência legal de um número mínimo de filiações para que haja constituição partidária. Depois, outros fatores, determinados sempre de cima para baixo, fazem com que demais pessoas sejam buscadas para estender ou ampliar o número de filiais do partido. Em substituição a essa composição artificial, deveríamos ter um cenário em que o filiado ao partido político sentisse uma real vinculação com a organização que integra e participasse de todos os seus principais momentos, ajudando a formular o programa municipal, que posteriormente conduziria ao programa estadual e finalmente se concretizaria no programa nacional do partido.

O aspecto que desde logo deve ser enfatizado na luta pela democratização dos partidos é a necessidade de determinação clara de que as comissões provisórias sejam de fato temporárias. Hoje, a maioria dos partidos abdicou da ideia de formação dos diretórios, pelas razões que já explicitei. O problema é que, com as comissões provisórias transformadas em algo permanente, as instâncias locais dos partidos perdem os meios adequados para defender e fazer valer as suas postulações perante os órgãos superiores do partido. Por isso, reafirmo: a primeira medida necessária à redemocratização dos partidos é o estabelecimento de determinações que façam com que as comissões provisórias não mais possam existir por tempo indeterminado. Uma maneira, que considero bastante racional de estipular essa determinação sem influir na autonomia interna dos partidos é a estipulação, por lei, de que apenas diretórios legitimamente constituídos possam arrecadar recursos para disputar campanhas eleitorais. Com isso, ao criarem comissões provisórias, os partidos teriam conhecimento de que, para não ferir a legislação eleitoral, essas comissões precisariam funcionar somente durante um prazo determinado, que deveria ser utilizado para se adotarem as medidas necessárias à constituição dos diretórios municipais.

A ideia de que os chefes partidários podem, com facilidade, como acontece hoje, destituir comissões provisórias deve dar lugar a uma ideia inversa: a de que as instâncias superiores do partido podem ser destituídas pelas inferiores. É muito importante que os partidos se organizem de tal maneira que um determinado número de votos alcançado no âmbito dos diretórios locais e estaduais possa fazer cair a direção nacional. Da mesma forma, os diretórios municipais deveriam ser capazes de, formando uma maioria, determinar a destituição dos membros do diretório estadual.

Uma maneira interessante de compor o programa partidário é a realização de congressos consecutivos nos âmbitos municipal, estadual e nacional. Os congressos municipais devem se dar não da maneira fictícia como hoje frequentemente acontece, mas de maneira real, com a convocação dos filiados a participarem de debates que envolvam temas de interesse político e social, de modo a se identificarem as demandas da sociedade local. E devem, ainda, ser capazes de eleger delegados para os congressos estaduais. Estes, por sua vez, precisam assumir a responsabilidade de identificar, organizar e atribuir a devida importância às diversas demandas apresentadas pelos órgãos de representação partidária local. O resultado dos congressos partidários estaduais deve ser a base do debate partidário ocorrido em âmbito nacional. E o congresso nacional do partido, por sua vez, deve se valer de tudo que foi discutido nas instâncias inferiores para, a partir delas, chegar às conclusões que formarão o programa partidário.

Outro elemento que não se pode esquecer na discussão sobre a necessária democratização dos partidos políticos é a gestão transparente dos recursos de que os partidos dispõem para o exercício de suas atividades ordinárias. No Brasil, o financiamento dos partidos é público, ou seja, eles são mantidos pelo fundo partidário. O fundo de amparo aos partidos políticos tem origem no orçamento da União, o que significa que, de fato, existe o financiamento público dos partidos políticos no Brasil. É bem verdade que não é de fonte exclusivamente pública que eles necessariamente vivem, já que a lei autoriza a realização de doações por pessoas físicas e jurídicas. Entretanto, as doações de pessoas físicas ou jurídicas para os partidos políticos com a finalidade de mantê-lo são um fenômeno raríssimo no Brasil.

Ultimamente, o quadro mudou. Houve um aumento significativo das doações, realizadas por pessoas jurídicas. Nas últimas eleições, tivemos vários casos em que pessoas jurídicas preferiram fazer doações a candidatos através dos partidos políticos. As mesmas empresas que não têm facilidade de bancar a vida partidária – a manutenção das habilidades ordinárias dos partidos políticos com recursos doados – não têm dificuldade quando o assunto é bancar candidaturas e permitir que determinadas pessoas cheguem ao poder político. Essa relação é muito séria e vale destacar dois pontos sobre o tema da gestão dos recursos partidários. O primeiro é relacionado à gestão dos recursos públicos envolvidos. O segundo tem a ver com o tema das doações ocultas.

Como os partidos recebem recursos de origem pública, e basicamente sobrevivem a partir dessas doações orçamentárias, é preciso deixar claro que eles devem estar sujeitos ao tratamento rigoroso esperado de todos aqueles que recebem recursos provenientes do erário (dinheiro arrecadado pela União através dos impostos). Não faz sentido que os partidos políticos prestem contas de maneira praticamente sigilosa como acontece hoje.

A não ser em casos raros de pesquisadores ou outros especialistas, poucos têm acesso àquilo que é apresentado anualmente pelos partidos a título de prestação de contas. Essa prestação deve ser pública e com base na lei de acesso a informação, qualquer um tem direito a solicitar informação sobre o dinheiro mobilizado pelos partidos. E não apenas o dinheiro de origem pública deve ser revelado, como também, aquele proveniente de doações privadas. Isso porque se trata de informação pública, e, portanto, sujeita a aplicação da lei de acesso à informação.

O artigo 8º da Lei de Acesso à Informação estabelece que aquele órgão, encarregado de prestar informações de interesse público, não deve esperar solicitações, deve apresentá-las independentemente de possíveis requerimentos. Nesse aspecto, vale lembrar uma pequena mudança na trajetória do modo como os brasileiros veem os partidos. Durante a ditadura militar, os partidos eram identificados como pessoas jurídicas e de direito público. Eram como parte do Estado e estavam, portanto, submetidos a regras extremamente rigorosas, bem típicas de períodos de exceção ou de momentos ditatoriais.

Com a promulgação da constituição de 1988, os partidos políticos passaram a ser reconhecidos como pessoas jurídicas de direito privado. Aquele excesso de regulamentação que havia no período ditatorial foi substituído por uma completa falta de regulamento, que era natural já que tratava de dar uma resposta aos períodos de exceção. Entretanto, passados tantos anos desde o advento da democracia é chegada a hora de rediscutir essa natureza dos partidos políticos. De pessoas jurídicas de direito público, eles passaram para pessoas jurídicas de direito privado.

Dessa forma, é preciso analisar a situação sob um novo prisma já que os partidos políticos devem ser vistos como pessoas jurídicas de direito privado e, ao mesmo tempo, de interesse público. É exatamente esse interesse que agrega um fator novo, o de que, a vida partidária seja passível de observação e de controle sociais sem, no entanto perder a sua autonomia. Simplesmente porque numa democracia não pode haver uma só instituição pública ou privada que não esteja passível de controle.

A liberdade e o controle são os dois elementos fundamentais que constituem a democracia. Não existe liberdade absoluta em nenhuma democracia. E é nesse sentido que os partidos políticos também devem estar sujeitos a determinados regramentos como esses que orientam a expressa transparência das suas contas. Assim como devem ser submetidos a leis que asseguram o acesso dos cidadãos às informações de que necessitem nos termos, por exemplo, de que estabelece a lei de acesso a informação.

E quanto aos eleitores?

O que acontece na prática é que durante as eleições, de acordo com que estabelece a lei, os eleitores não têm o direito de saber quem são os doadores de campanha, sejam pessoas físicas ou jurídicas. Eles têm acesso apenas aos valores arrecadados, mas não sabem qual a sua origem. Isso é muito sério numa democracia, pois é um indicativo de que os eleitores vão às urnas sem saber quem está por trás das campanhas dos seus candidatos. É indubitável que a maioria dos eleitores se interessaria, se tivesse os devidos meios, em quem está bancando a campanha do seu candidato. Entretanto, esse direito é solenemente negado pela legislação eleitoral.

Já neste ano de 2013, houve uma audiência pública convocada pelo ministro Luiz Fux, do Supremo Tribunal Federal, para ouvir especialistas sobre o tema da doação de campanha. A ideia era conversar sobre a ação declaratória de inconstitucionalidade proposta pela Ordem dos Advogados do Brasil para discutir a compatibilidade com a constituição da norma que autoriza a doação de campanha por empresas, pessoas jurídicas. Nela, observamos que tanto as empresas como os candidatos sabem que não é republicana essa relação entre eles. E que a prova disso é que as empresas interessadas em contratos públicos realizam doações ocultas. Se fosse algo republicano, nada impediria que fossem realizadas diante do conhecimento de todos.

Sobre as candidaturas individuais

Quando relacionamos a necessidade de que os partidos se tornem mais programáticos, mais transparentes, e de que a vida partidária seja ela própria a expressão da participação social nos domínios da política, estamos resgatando uma instituição que é importantíssima para a democracia: o partido político. E não podemos abrir mão dos partidos políticos. Se nos deixamos levar por ideias simplistas como a de candidaturas individuais, estamos nos privando do direito de saber a que grupos os candidatos estão ligados. Todos nós somos ligados a grupos. O que dizer então daqueles que buscam se eleger para mandatos? É evidente que eles vão se coligar com pessoas que irão apoiá-los e ajudá-los em suas corridas eleitorais.

Então, permitir a eleição de candidatos individuais é abrir mão do direito de saber com que grupos essas pessoas estão envolvidas. O resultado é que o eleitor sempre saberá destes envolvimentos tardiamente já que, enquanto estiverem exercendo seus mandatos, estes candidatos continuarão a procurar pessoas que pensem de forma semelhante para tocarem suas vidas no parlamento. E é claro que já o terão feito antes porque a própria necessidade da eleição, vai fazer com que eles se unam a pessoas que fortaleçam o seu grupo político. Então exigir a submissão, a permanência, a efetiva participação dos candidatos nos partidos políticos, se trata de uma medida de salvaguarda para a sociedade.

O eleitor se protege quando sabe com antecedência a que grupos os seus candidatos estão ligados. Isso se torna um elemento que servirá como chave para o próprio processo de escolha do voto. Hoje, o eleitor tem pouca clareza das pessoas e dos partidos em que está votando. E ele precisa de duas coisas: de partidos cada vez mais claros programaticamente e de transparência nas ligações entre partidos e candidatos. É muito fácil, populista e frágil a tese de que os nossos partidos políticos estão deteriorados pela corrupção e pela incompetência e que por isso o melhor seria enfraquecê-los ainda mais, permitindo o lançamento de candidaturas de indivíduos desligados de partidos.

Todos os candidatos são ligados a grupos. Aqueles que pertencem a partidos políticos têm seu grupo revelado pelo pertencimento a uma determinada agremiação. Aqueles que se apresentassem sozinhos, entretanto, estariam igualmente vinculados, claro, pois buscariam o apoio do mesmo grupo para suas eleições. Mas, seria impossível para o eleitor saber ao certo quem está de fato concedendo apoio ao candidato. Por isso é extremamente inadequada a ideia das candidaturas independentes ou avulsas já que constituem uma ideia de matriz autoritária. Um dos maiores defensores deste tipo de candidatura é o deputado Miro Teixeira, do Rio de Janeiro.

Além das razões já mencionadas, existe outro argumento a favor da candidatura independente que parte de pressuposto extremamente perigoso: o de que existem pessoas isoladas, agindo como indivíduos, que têm mais clareza da política. É o argumento que enxerga o candidato avulso como um detentor de maiores virtudes políticas, que fariam com que ele se apresentasse como um "salvador da pátria".

Quando adotamos a ideia de candidaturas individuais, estamos partindo do pressuposto de que há entre nós pessoas mais esclarecidas e mais capazes a tal ponto de, mesmo sozinhas, serem suficientemente hábeis e aptas a exercer cargos políticos da mais alta relevância. O que significa, como já explicamos anteriormente, que essa tese é complemente autoritária. Não há "salvador da pátria", essa é uma ideia completamente ultrapassada. Nós estamos no século XXI buscando a construção de uma democracia horizontal, uma democracia em rede, que envolve necessariamente a inclusão, o pertencimento de todos à experiência e a esfera pública.

Estamos ainda engatinhando no fazer coletivo da política. Nossa matriz comportamental provém de uma história de individualismo, hoje reafirmado no cotidiano pelo culto ao consumo e por uma indústria cultural que fabrica "celebridades".

A ação coletiva – não sob o domínio de uma liderança carismática, mas amparada na colaboração horizontal de líderes adaptativos – constitui o maior desafio da nossa contemporaneidade. No momento que vivenciamos, candidaturas individuais poderiam representar alguma porta para a veiculação de reflexões de líderes comprometidos com a alteridade e a quebra das hierarquias. Mas cada uma dessas candidaturas seria sufocada pelo surgimento de muitas outras, baseadas em sentimentos opostos: egoísmo e individualismo.

Os senhores clientelistas de muitas das nossas regiões tirariam proveito da oportunidade para finalmente se desvincularem dessa última instância coletiva, os partidos políticos, à qual ainda estão de algum modo submetidos.

O MCCE conhece bem essa realidade. Lutando contra a compra de votos em todo o território nacional descobrimos que essa prática nada tem a ver com carência de recursos materiais. Por isso, ela está muito presente até nos lugares de maior renda per capita do país, como na Serra Gaúcha, por exemplo.

Aqueles que baseiam a sua política na troca de favores teriam seu espaço beneficiado pela possibilidade de uma candidatura avulsa. Assim como com o voto distrital, essa faculdade dinamizaria a ação de pessoas para quem a experiência de ação em grupo só produz incômodo. Por enquanto, o desafio que nos é apresentado é o de rediscutir a construção coletiva da política. Se os partidos como hoje os conhecemos se converteram em espaços autoritários, exclusivistas e excludentes, então que mudemos essa realidade pela mobilização, pela mudança dos padrões normativos e pelo exemplo.

Estamos tratando, no MCCE, de convidar a sociedade a refletir sobre temas que nunca antes foram apresentados a ela à discussão direta, tais como financiamento de campanha por empreiteiras, necessidade de democratização dos partidos, emigração do debate para o mundo dos programas. Nossa prática nos leva às ruas para falar com pessoa por pessoa. "Voto não tem preço, tem consequências", repete-se para cada um e cada uma.

Em lugar de fustigar os partidos como instituições, nós os defendemos. E denunciamos a prática da corrupção, que dilacera e enfraquece a experiência partidária. Não colocamos a mudança da lei à frente da mobilização em rede. Pelo contrário, a ação se vale da mudança dos marcos legais como um elemento para o aprendizado coletivo da importância da colaboração horizontal. Mas até com isso – ou por causa disso – é necessário mudar a lei.

Então, a mobilização e a mudança dos marcos legais são elementos que se confundem. Esta é a expressão material daquela. É necessário pensar seriamente na construção do ambiente adequado para o desenvolvimento de manifestações políticas coletivas baseadas em programas que expressem aspirações e crenças reais. E num contexto político em que o eleitor também seja chamado à responsabilidade. O partido não pode dar a palavra final sobre os eleitos, mas é razoável que ele dê o pronunciamento inicial.

Hoje a experiência partidária é carente de democracia. Os candidatos, mesmo nas listas abertas, são escolhidos segundo o crivo dos caciques. Mas isso deve conduzir os eleitores a pensar em resgatar essas instâncias de manifestação coletiva, não em cravar-lhes uma estaca de prata no peito. Faz-se necessário não desistir dos partidos, e sim reinventá-los. O preço a pagar é alto, mas a compensação será fruída por muitos mais brasileiros.

A esfera pública não pode ser hegemonizada e muito menos monopolizada por uma só pessoa, ela é um espaço necessariamente coletivo. A conquista do mandato deve ser a consequência da inclusão nesse universo naturalmente coletivo. Ou seja, aquele que conseguiu se transformar numa voz de representação, pode sim receber dos demais, o voto necessário para a representação. Mas isso não se dá para ele que seja o vértice de uma pirâmide, porém justamente porque ele demonstrou e comprovou que ao longo dos anos está inserido numa coletividade verdadeiramente horizontal. Daí, mais uma vez, a necessidade do partido político.

O partido político pode cumprir um papel formidável no processo de geração de mais democracia, desde que assuma a forma horizontal em que todos tenham a mesma capacidade de diálogo. Participar do partido político é uma vantagem, desde que se trate verdadeiramente de um partido, porque ali o indivíduo aprenderá a ter tolerância com aqueles que pensam de forma diversa. Desenvolverá a capacidade de ser derrotado em votações em processo de deliberação. E aprenderá também a vencer e a respeitar os grupos que se apresentarão como minoritários no interior da agremiação. Isso será fundamental para o futuro exercício de qualquer mandato. Tolerar as candidaturas individuais significa aceitar a possibilidade de que pessoas que não passaram pelo crivo do agir coletivo, possam se tornar magníficos mandatários. Quando, na verdade, corre-se o risco de colocar no poder candidatos que sequer se acostumaram a ganhar ou perder. Por isso essa é uma ideia autoritária e que flerta com a ditadura. E a democracia não prescinde da existência de grupos de participação política que moldem a cultura e o temperamento das lideranças.

Atualmente, os nossos partidos não são senão simulacros de atividade política, onde não há o desenvolvimento de alguns dos valores fundamentais para a formação partidária. E os nossos políticos, mais do que em qualquer outro lugar no Ocidente, estão despreparados para ouvir qualquer palavra discordante. Ao menor sinal de discordância em relação aos seus posicionamentos, eles se utilizam da força estatal e, em alguns casos, até da força física para calar os oponentes.

Sistema eleitoral

Ainda sobre os partidos políticos, é preciso considerar que o sistema eleitoral é muito importante para definir o perfil do partido. Ou seja, o modo particular de ser dos partidos políticos é diretamente influenciado pelo sistema eleitoral. No Brasil, observa-se um sistema malsinado de candidaturas individuais num sistema proporcional de listas abertas. Ele faz com que haja um grande número de concorrentes, que levam para o partido a desconfiança exatamente porque disputarão entre si o voto nos processos eleitorais que seguirão. Isso faz com que os partidos se tornem ainda piores e mais fracos. É urgente um sistema eleitoral que permita que as pessoas atuem em grupo.

O Brasil realmente carece de uma experiência partidária efetiva. A agremiação política é escolhida não por razões programáticas, mas por cálculos pragmáticos que levam em conta quantos votos serão necessários para ganhar a eleição. As coligações, por decorrência, são muitas vezes engendradas à base de acordos financeiros que têm por objeto a ampliação do tempo de propaganda na televisão.

Um líder de bancada explicou certa vez, referindo-se à Câmara dos Deputados: "Somos aqui 513 partidos políticos." Os eleitos possuem de fato bases eleitorais próprias, amealham pessoalmente suas verbas de campanha e concorrem com os próprios correligionários em busca do voto.

O sistema eleitoral e o modelo de financiamento de campanhas vigentes são os maiores culpados por isso. Um pequeno número de empresas privadas domina o cenário das doações, e os candidatos competem mais por seu apoio que propriamente pelo voto. O resultado disso é que temos uma democracia baseada em partidos fracos, com pouca ênfase na identificação programática.

Nenhuma democracia se consolida sem uma clara definição entre seus partidos, o que demanda uma distinção entre seus conteúdos baseada em propostas para o país. Trata-se de evidenciar planos de governo, muito mais que articular planos de conquista do poder.

Precisamos de partidos de verdade. A falta de partidos verdadeiramente programáticos favorece o individualismo, a pequena democracia, e estimula o voto mercenário. Para combater de modo mais eficiente a corrupção política, é preciso um sistema que enfatize os partidos e sufoque o personalismo que está na base das relações clientelistas.

Sobre o voto em distritos

Outra ideia que, apesar de parecer simpática para muitos, traz muita preocupação, é a da adoção do voto distrital. Imagine o seu município dividido em distritos eleitorais. Considere que serão tantos distritos quantas são as vagas em disputa para a câmara de vereadores. Sua cidade e a zona rural estarão recortadas em unidades políticas que incluirão diversos bairros e, às vezes, vilas e povoados. Agora responda: quem serão os eleitos em cada um desses distritos? Resposta: vencerão os poderosos locais.

Esse é o rosto desnudado do voto distrital. Nele, vence o mais forte. As câmaras de vereadores ficarão cheias de aliados do prefeito. Quem votará nos candidatos de oposição, que nada poderão conseguir com o prefeito, responsável pela execução do orçamento? Imaginando que ainda assim um ou outro oposicionista consiga vencer a terrível disputa contra a situação, resta imaginar quanto tempo ele resistirá antes de ceder e ingressar na situação, como forma de garantir "benefícios" para sua comunidade e assegurar sua reeleição futura.

Se um sistema não funciona bem no âmbito local, não pode servir também em esferas mais elevadas. É preciso discutir o mito de que o voto distrital aproxima o eleito dos seus eleitores. Esse lugar-comum carrega consigo inúmeros perigos, bem conhecidos de muitos políticos tradicionais que o defendem, mas ignorados por grande número de brasileiros que vêm propondo a implantação desse sistema de boa-fé.

A adoção do voto distrital teria um efeito prático inevitável: o sufocamento político das minorias e dos grupos de oposição. Os partidos políticos, hoje já relegados a um plano secundário, teriam sua pequena influência ainda mais reduzida, já que nesse sistema a eleição se baseia exclusivamente na personalidade do candidato, com franco prejuízo para a construção de identidades políticas e ideologias desenvolvidas coletivamente.

Num país com uma história marcada por vínculos clientelistas, a introdução de sistemas eleitorais baseados no culto à personalidade constituiria um grave dano para a democracia, com sérias repercussões nos campos social e econômico.

O voto distrital, quando adotado em democracias recentes, não facilita o controle social dos mandatos, mas o clientelismo. Nesse modelo, os patronos assumem o comando político dos distritos. Sua reeleição sem limites torna-se cada vez mais simples, à medida que a oposição vai percebendo que não adianta disputar com quem detém o poder político e econômico num reduto concentrado.

O distrito é, assim, o reconhecimento oficial do reduto. Ele é o ambiente perfeito para a compra de votos, prática infelizmente comum em nosso país. Só para se ter uma ideia, 43% dos entrevistados em uma pesquisa realizada pelo IBOPE/AMB em 2010 afirmaram conhecer casos de políticos que compram votos. E 41% disseram conhecer pessoas que votaram em troca de benefícios pessoais.

Práticas políticas baseadas na outorga efetiva ou prometida de ofertas personalistas são encontradas em todos os estados brasileiros. Os agentes desse comércio são chefes políticos locais que mantêm o eleitorado sob vínculos de dependência mais ou menos sofisticados. A moeda de troca pode ser uma dentadura ou a promessa de legalização de um condomínio de luxo construído em área ilegal. Esse intercâmbio de favores é a tônica da política realizada em âmbito local.

Muitos se queixam do fato de que alguns parlamentares recebem grande número de votos em um lugar onde sequer fizeram campanha. Pensam que o voto distrital seria capaz de solucionar esse problema, vinculando o eleito ao distrito. Nem para isso esse modelo serve.

A conquista de votos por candidatos sem base na comunidade, tal como ocorre hoje, é fruto da ação de mercadores de votos (cabos eleitorais, líderes associativos, prefeitos, vereadores etc.) que atuam em redutos eleitorais determinados. A cada eleição o "passe" desses agentes vai se tornando mais caro, expulsando dos mandatos políticos vocacionados que não aceitam essa condição. No sistema atual, esses patronos locais não possuem votos suficientes na sua comunidade para serem eleitos, pois a circunscrição é todo o estado. Mas, se o país for dividido em distritos, o problema estará resolvido: esses mercadores se converterão eles mesmos em nossos deputados.

Por outro lado, deputados federais eleitos em distritos assumiriam a condição de meros despachantes de interesses locais, empenhados apenas em angariar recursos para o distrito, conferindo importância secundária aos debates estratégicos de interesse da nação. Isso faria com que o debate eleitoral se amesquinhasse, com os candidatos tentando demonstrar quem pode "trazer mais coisas de Brasília". Seriam 513 vereadores federais na capital federal.

A lógica dos eleitores passaria a ser a seguinte: quem entre os candidatos poderá trazer mais vantagens para o distrito? Obviamente, saem na frente os políticos ligados ao governo, pois no nosso sistema constitucional é o executivo quem dá a palavra final sobre a destinação das verbas. Votar num oposicionista é correr o risco de ver a comunidade alijada de novos investimentos públicos.

O voto distrital também tem o demérito de reduzir a política a um debate bipolar entre governistas e antigovernistas. Na votação majoritária, modelo adotado no sistema distrital, vence o que obtém mais apoios; ou seja, não há espaços para os portadores de bandeiras específicas, tais como ambientalistas, feministas e defensores dos direitos humanos. Índios, negros e mulheres veriam ainda mais reduzidas suas possibilidades de eleição, já que a votação adotada serve para verificar quem é capaz de arregimentar o maior número de votos.

O voto distrital é um sistema de seleção de poderosos, não de inclusão política dos diversos segmentos sociais. Milhões de votos concedidos aos candidatos derrotados ficam sem nenhuma importância. É possível que a oposição fique com 40% dos votos nas eleições nacionais e que isso se converta, mesmo assim, em pouquíssimas cadeiras no parlamento.

Agora, vamos pensar em qualquer político escandaloso, daqueles que nos provocam sensações de repugnância ou indignação quando nos lembramos que estão entre os nossos dirigentes. Felizmente, são poucos. Pois bem, com o voto distrital esse nosso "herói" terá seus problemas definitivamente resolvidos. Bastará se vincular ao principal reduto eleitoral (eles os têm, em grande número), espaço onde continuará sendo eleito e reeleito com grande tranquilidade.

Outro problema para as oposições no voto distrital é o favorecimento da perseguição aos líderes oposicionistas. O distrito, para a liderança oposicionista de destaque, converte-se na sua prisão, para a qual se dirigem todas as forças políticas do governo. Todas as energias são dedicadas à derrota dos adversários mais ilustres. Considerando-se que esse esforço é empreendido por quem está no poder, pode-se imaginar o resultado.

Ainda temos que lembrar o *Gerrymandering*. Pode parecer algo chato, mas é até divertido. A origem desse termo se deve à observação feita por um cartunista sobre o formato adquirido por um distrito em Massachussets. De tão alterado para beneficiar o governador, Elbridge Gerry, ficou parecido com uma salamandra (salamander). O editor do jornal apelidou o distrito de *Gerrymander*, em uma piada com o nome do governante.

Pois bem, quando fui ouvido pela comissão especial da Câmara que trata da reforma política, um deputado me perguntou: se for aprovado o voto distrital, quem definirá como serão desenhados os distritos? Respondi: "A maioria." Isso mesmo. Quem diz onde fica cada distrito é quem tem maioria suficiente para isso no Congresso. Acontece que a área de abrangência do distrito pode definir a sorte ou o azar dos candidatos. Um simples bairro a mais em um distrito pode mudar o resultado do pleito. Se um distrito abrange duas cidades, o eleito pode ser um; mas se for incluído um terceiro município, a eleição pode terminar de forma bem diferente. Pergunto: você acha que os distritos terão seus desenhos definidos de forma neutra?

Fico muito admirado quando vejo oposicionistas aceitando a ideia do voto distrital. Esse modelo foi adotado no Brasil desde os tempos de colônia até a República Velha, tendo sido abolido justamente por inviabilizar a presença da oposição no parlamento em níveis aceitáveis. O voto proporcional foi adotado como forma de assegurar a participação das minorias. É uma conquista histórica da qual não podemos abrir mão.

Enfim, existem muitos outros motivos para que o eleitor esqueça o voto distrital que, mesmo na sua forma envergonhada, é uma maneira de entregar "apenas" metade das cadeiras parlamentares aos patronos e caciques locais.

Financiamento das campanhas eleitorais: Quem paga manda

Os brasileiros, em regra, não dedicam muito de seu tempo para verificar quem são os doadores das campanhas dos seus partidos e candidatos. Este, no entanto, é um tema de relevância inquestionável. É impossível ignorar que aqueles que doam dinheiro às campanhas, tornando-as deste modo viáveis, passam a dispor do poder de exercer uma força decisiva sobre a qualidade do futuro mandato. E, de fato, como mostraremos a seguir, é isso que acontece no Brasil.

Os mandatos políticos estão sendo distorcidos por uma grave realidade em nosso país. O eleitor tem importância menor para os políticos eleitos do que aqueles que atuaram como doadores de campanha. São estes os que serão ouvidos após as eleições. Eles definirão as políticas públicas; eles serão os maiores beneficiários de contratos do Banco Nacional de Desenvolvimento Econômico e Social; eles, enfim, verão remunerado cada real investido na campanha.

Entre as eleições de 2002 e 2012, os maiores doadores de campanha – e estamos falando somente dos maiores, é importante destacar – somaram um investimento da ordem de um bilhão de reais. Segundo Edélcio Vinha, assessor político do Instituto de Estudos Socioeconômicos, não mais que cinco construtoras, três bancos, um frigorífico e uma metalúrgica foram necessários para deturpar o jogo democrático, determinando a direção de forças políticas e mantendo contratos vultosos com o poder público. Estas dez empresas encabeçam a lista dos maiores doadores de campanha no período de 2002 a 2012, e por isso é importante que o eleitor as conheça. São elas: a Construtora Camargo Corrêa, com uma doação de R$ 178,5 milhões; a Construtora Andrade Gutierrez, que doou R$ 161,3 milhões; a Construtora OAS, com R$ 146,6 milhões; a Construtora Queiroz Galvão, com R$ 129,3 milhões; o frigorífico JBS, ou Friboi, com R$ 113,7 milhões; o Banco Alvorada, com R$ 89,7 milhões; o Itaú Unibanco, com R$ 78,3 milhões; o Banco BMG, com R$ 73,9 milhões; a UTC Engenharia, com R$ 52,6 milhões; e, finalmente, a Gerdau Comercial de Aços, que doou R$ 47,5 milhões.

Algumas observações sobre essas empresas nos ajudarão a entender melhor sua relação com o poder público: com exceção do frigorífico Friboi, que tem sede na região centro-oeste e é o maior Frigorífico da América Latina, todas as empresas atuam nos segmentos de empreiteiras, bancos e indústria da mineração. A Gerdau

Comercial de Aços, embora atue na área comercial, integra na verdade um grupo do setor de indústria pesada. É possível resumidamente afirmar que as empreiteiras, os bancos e a indústria da mineração lideram com larga vantagem o universo dos doadores de campanha. Além disso, cabe observar que as doações realizadas por essas empresas não atendem a qualquer ideologia, uma vez que elas não possuem partido político, o que fica evidente pelos hábitos de doação de algumas das mais importantes delas. Um exemplo é a estratégia adotada pelo Grupo EBX, dirigido pelo empresário Eike Batista, na campanha presidencial de 2010. Nessa ocasião, a companhia optou por financiar tanto a campanha de Dilma Rousseff, do Partido dos Trabalhadores (PT), como a de José Serra, do Partido da Social Democracia Brasileira (PSDB), e a de Marina Silva, que então era do Partido Verde (PV). Cada um dos dois primeiros recebeu R$ 1 milhão, e a terceira recebeu R$ 500 mil. Todos os candidatos à presidência da República, portanto, que tinham alguma possibilidade de vitória, mesmo que pequena, receberam doações do Grupo EBX. Este grupo, aliás, tem por hábito a pluralidade e a generosidade de suas ofertas de doação, chegando ao ponto de financiar campanhas tanto de partidos comunistas, como é o caso do PC do B, quanto dos partidos mais à direita, como é o caso do DEM. No Rio de Janeiro, nas eleições de 2010, o Grupo EBX fez doações a Sérgio Cabral, que viria a ser eleito governador, e também ao seu principal adversário de campanha, o ex-governador Anthony Garotinho.

Essa prática se repete entre as demais empresas. O Grupo Andrade Gutierrez costuma doar tanto para o Partido dos Trabalhadores quanto para o PSDB. Nas eleições de 2012, Fernando Haddad, do PT, recebeu R$ 1 milhão quando concorria à prefeitura de São Paulo. Já o tucano José Serra recebeu R$ 750 mil. A JBS, ou Friboi, por sua vez, tem recebido da imprensa a alcunha de doadora universal. Isto porque a empresa – que, como já foi dito, é o maior frigorífico da América Latina – tem distribuído dinheiro indistintamente entre partidos os mais plurais e antagônicos entre si. No estado de Goiás, ela foi a empresa que mais doou para campanhas dos deputados eleitos por partidos como PSDB, PP e outros. Entre os quatorze parlamentares eleitos no estado nas eleições de 2006, sete tiveram contribuições da empresa. E nas contas de campanha de cada um destes sete, as doações do grupo aparecem sempre entre as cinco maiores. A empresa fez ainda contribuições para candidatos do PTB e do PR e, fora da base aliada, contribuiu com as candidaturas de políticos do PMDB, como o ex-candidato Marquito Vilela, que recebeu R$ 500 mil.

Em 2010, as empresas que mais doaram para campanhas foram a Camargo Corrêa, a JBS Friboi, a Andrade Gutierrez, o Banco Alvorada, a OAS, o BMG, a Gerdau, a Contax e a GE Engenharia. A Camargo Corrêa, que lidera a lista, com repasses de R$ 103 milhões, destinou 51% desse dinheiro para comitês financeiros e partidos – e é aí que entra outra relevante curiosidade a respeito das nossas eleições.

Os doadores de campanha não estão interessados em aparecer. Nas eleições de 2010, os candidatos eleitos no primeiro turno nas principais cidades do Brasil obtiveram, segundo a Folha de S. Paulo, 71% da sua verba de campanha a partir de doações ocultas. Nas 26 capitais, dos R$ 489,5 milhões recebidos, R$ 350 milhões foram transferidos de forma indireta, por intermédio de diretórios dos partidos ou comitês financeiros. Em 2012, dos R$ 819,7 milhões recebidos pelos partidos, R$ 207,4 milhões, ou 25,4% do total, foram contabilizados indiretamente como doações de diretórios e comitês de campanha. A maior parte das doações – R$ 610,2 milhões – veio de "origem não especificada", segundo a denominação de que se vale o Tribunal Superior Eleitoral. A segunda maior fonte foi o Fundo Partidário, com apenas R$ 36,5 milhões.

Esses números nos levam à conclusão de que as empresas não estão interessadas em relacionar seus nomes aos de determinados candidatos. Os pretendentes, por sua vez, preferem não ter sua imagem relacionada a determinadas empresas que atuam em segmentos sensíveis diretamente ligados à máquina pública. A alteração na lei das eleições, que permitiu a realização das chamadas doações ocultas, foi a solução encontrada pelos parlamentares em 2009. Na prática, essas doações funcionam da seguinte forma: em vez de doar diretamente para um candidato, a empresa faz a doação ao partido político, que, por sua vez, transfere o dinheiro para a conta de campanha do candidato. Ao prestar contas, esse candidato informa qual a origem do valor não a empresa, mas ao partido político. Deste modo, a empresa consegue que seu nome seja omitido nas prestações de contas apresentadas pelos candidatos, sem que haja desrespeito à lei. Como consequência dessa relação, as companhias que doam às campanhas eleitorais se beneficiam de retornos extremamente vantajosos e desiguais – um resultado pouco republicano, por assim dizer, segundo reconhecem os próprios candidatos e empresas.

Outra prova de que a vinculação entre nomes de candidatos e seus generosos doadores não é politicamente interessante a nenhuma das partes envolvidas está num dispositivo da Legislação Eleitoral Brasileira que impede a publicação dos nomes dos doadores antes da data da eleição. A lei determina que as contas prévias de campanha sejam publicadas nos dias 2 de agosto e 2 de setembro – o que garante ao eleitor ao menos duas oportunidades para acompanhar as contas de seus candidatos antes do dia do pleito. Curiosamente, entretanto, a mesma lei estabelece que os nomes de doadores de campanha não devem constar nessa prestação de contas preliminar, o que, na prática, obriga os eleitores a votarem às cegas, sem saber os nomes que estão por trás das verbas que sustentam as campanhas dos seus candidatos, o que só lhes será revelado após as eleições. É preciso insistir na singularidade desse dispositivo, levando em conta que a democracia não combina com ideias de sufocamento da transparência.

Há ainda outra estratégia adotada para dificultar o acesso a essa informação: as duas prestações de contas preliminares mencionadas anteriormente – a de agosto e a de setembro – devem ser cumpridas, segundo determina a lei, de forma pública, com divulgação na internet. Esta determinação seria bastante interessante se as informações prestadas pelos candidatos fossem completas, mas não o são. A última prestação de contas, por sua vez, quando finalmente aparecem os nomes dos doadores, não é tornada pública no site do Tribunal Superior Eleitoral, como as anteriores. Em vez disso, ela é entregue à Justiça Eleitoral, em um documento formal de acesso muito difícil.

Para enfrentar esse obstáculo, eu determinei, em maio de 2012, que todos os candidatos pela zona eleitoral de João Lisboa, no Maranhão, que presido como juiz eleitoral, apresentassem os nomes dos doadores de campanha já nas prestações de contas preliminares de agosto e setembro. Para isso, lancei mão da Constituição, que, entre os princípios da administração pública, garante com clareza o princípio da publicidade. Recorri ainda à Lei de Acesso à Informação, que entrara em vigor pouco antes, no dia 6 de maio de 2012. Depois de editar esse ato, colegas de outros estados, como Tocantins, Amazonas, Mato Grosso e Paraná, seguiram o meu exemplo e adotaram determinações similares. Todos agiram de acordo com o mesmo entendimento e passaram a difundir a ideia de que tanto a Lei de Acesso à Informação quanto a Constituição alteravam o conjunto das normas para dizer que, sim, os candidatos são obrigados a revelar os nomes dos doadores de campanhas antes do pleito. Um caso curioso, no entanto, aconteceu em Londrina, no Paraná. O juiz eleitoral Álvaro Rodrigues Junior havia determinado, seguindo o meu entendimento, a publicação dos nomes de doadores de campanha, mas o Corregedor Regional Eleitoral do Paraná, desembargador Rogério Coelho, agindo por meio de ofício, sem qualquer pedido de quem quer que fosse, revogou essa portaria, alegando que a norma deveria ser cumprida estritamente como havia sido editada – os nomes dos doadores não deveriam ser revelados antes do pleito. A discussão teve fim no dia 28 de agosto de 2013, quando, pela primeira vez na história da política brasileira, houve uma divulgação prévia de nomes dos doadores em todo o país. Isto porque o Tribunal Superior Eleitoral, a partir de um ato da sua presidente, ministra Cármen Lúcia, decidiu seguir o mesmo entendimento e revelar os nomes dos doadores antes das campanhas. Lamentável nesse episódio foi apenas a necessidade de haver uma interpretação geral da lei à luz dos princípios constitucionais para que se garantisse um direito democrático mínimo. Afinal, não há democracia sem transparência.

É preciso, portanto, que tenhamos sempre em mente a gravidade das consequências dessa relação incestuosa entre o poder econômico e a política. A verdade é que as eleições brasileiras recebem um financiamento público não transparente e extremamente danoso para a nação. O Instituto Kelloggs, ligado à Universidade do Texas, realizou uma pesquisa no Brasil onde revelou-se que, para cada real doado, as empresas recebem um retorno da ordem de R$ 8,50 em contratos públicos. Isso corresponde a um retorno de 850% do investimento e significa que o dinheiro privado que entra na campanha é recompensado com lucros vultosos provenientes de recursos públicos. Surge daí a necessidade de, como cidadãos brasileiros, dirigirmos atenção profunda a este tema.

Mais um problema

Um contratempo ainda mais sério é a quebra da igualdade de disputa no mercado empresarial. Quando poucas empresas dominam o poder político, não há de fato uma economia de mercado. É o que se denomina captura do governo – como vimos antes, aqueles que bancam as eleições tornam-se posteriormente os maiores beneficiários das decisões governamentais. Um exemplo está na relação do setor privado com o BNDES. Como revelou o jornal O Estado de São Paulo, os maiores doadores de campanha são também os maiores beneficiários dos financiamentos fornecidos por este banco. Há, portanto, uma quebra de igualdade – empresários que doam são tratados de forma distinta daquela usada para os que não doam, o que afeta diretamente todas as micro, pequenas e médias empresas, que não têm capacidade de retirar do seu caixa recursos para campanhas eleitorais. Quando chega o momento de elaboração das políticas públicas, essas empresas são deixadas de lado. O resultado disso é uma concentração cada vez maior dos poderes econômico e político nas mãos dos mesmos grupos e famílias.

O caminho que apresentamos aqui para superar essa realidade é a instituição de um modelo misto de financiamento de campanhas. Em tese, o sistema de financiamento de que dispomos hoje já é misto. De um lado, o governo investe verbas públicas nas campanhas por meio da isenção fiscal fornecida às empresas de televisão e rádio, deixando de receber em anos eleitorais cerca de R$ 800 milhões em tributos para assegurar aos candidatos o direito a participar da campanha eleitoral gratuita (que de gratuita, portanto, não tem nada). Já no outro lado do sistema, admite-se a doação por parte de pessoas físicas e jurídicas. A verdade, entretanto, é que a presença de pessoas físicas nas campanhas, em termos de arrecadação, é ínfima. Nas eleições de 2010, por exemplo, 98% do dinheiro arrecadado pelos candidatos foram provenientes de doações empresariais.

A sugestão que agora apresentamos é que o financiamento continue a ser misto, mas que se retirem do cenário as empresas, pelas razões apontadas anteriormente. E como isso poderia ser realizado? Para assegurar a todos uma igualdade de participação e um valor mínimo para realizar a campanha mais modesta, o governo deveria, a exemplo de inúmeros países, especialmente na Europa, fornecer às candidaturas valores extremamente módicos, que constituiriam um financiamento básico suficiente apenas para permitir a confecção de materiais simples de campanha – tais como impressos pequenos e demais itens necessários à divulgação da candidatura. Essa prática evitaria o ônus excessivo dos cofres públicos e forneceria uma base inicial para a realização das campanhas de todo e qualquer candidato, mesmo os mais pobres.

Com essa nova configuração, a principal fonte de arrecadação da campanha passaria a ser o cidadão, o que levaria os candidatos a cargos públicos a deslocarem sua atenção da empresa para voltar-se novamente à figura do eleitor. Se tivéssemos uma grande quantidade de cidadãos efetuando as doações eleitorais, aumentaríamos a multiplicidade das fontes, impediríamos que grupos se considerassem senhores dos mandatos, aumentaríamos a responsabilidade dos candidatos em relação àqueles que não apenas o elegeram, mas que, de forma pulverizada, também bancaram as suas campanhas e ainda contribuiríamos para inverter uma noção perversa – a de que o eleitor deve receber algum benefício do seu candidato para poder votar. Introduziríamos nesse cenário, enfim, uma nova lógica, segundo a qual o eleitor é quem tem o candidato como seu dependente, mas não da maneira desigual como hoje ocorre com as empresas. Defendemos que isso se dê de forma pulverizada e que, para tanto, seja estabelecido um teto de doação para a campanha, da ordem de um salário mínimo até cerca de R$ 700, podendo assim nivelar o empresário mais rico e o trabalhador mais humilde. Estas medidas, no nosso entendimento, podem colaborar para uma mudança de paradigmas no sistema brasileiro de financiamento de campanhas.

Liberdade de expressão

Uma das últimas exigências do procurador geral da Câmara dos Deputados dizia respeito a buscar meios para retirar da rede mundial de computadores qualquer postagem cujo conteúdo pudesse afetar negativamente a imagem dos parlamentares. O judiciário, na opinião do procurador, deveria adotar medidas contrárias à liberdade de manifestação de pensamento nos meios virtuais. Causa estranheza o fato de que a Procuradoria Geral da Câmara possa ser convertida em órgão de exceção, cujo mandato se dirija a promover a restrição à liberdade de manifestação do pensamento. Estaríamos de volta aos tempos da censura? A informação chama atenção particularmente pelo fato de aqueles que o procurador busca proteger contra publicações que considera contrárias à imagem, são, na verdade, pessoas públicas que exercem atividades que, por definição, estão expostas ao crivo e à crítica popular.

De fato, os mandatários são pessoas públicas por definição. A defesa da imagem e da privacidade dessas pessoas, então, está submetida a certos critérios constitucionais. Quando aquele que age é detentor de uma posição pública, o amplo acesso à informação ganha relevância, devendo os aspectos ordinários de proteção à vida privada serem deixados em segundo plano. Quando o agente é um mandatário, a proteção da sua privacidade deve ceder lugar à liberdade de opinião, à liberdade de manifestação do pensamento e ao amplo acesso à informação pelos cidadãos. A Declaração Universal dos Direitos da Humanidade prevê essas prerrogativas. O artigo 19º da mesma diz que "toda a pessoa tem direito à liberdade de opinião e expressão; este direito inclui a liberdade de, sem interferência, ter opiniões e de procurar receber e transmitir informações e ideias por quaisquer meios independentemente de fronteiras". Quem não suporta a crítica, ou a exposição, não deve adentrar nos domínios da política.

Qualquer cidadão tem o direito de se manifestar publicamente sobre os fatos que tem ciência, formal ou informal, acerca dos seus líderes institucionais. Excluída a hipótese de fusão voluntária e consciente de fatos reconhecidamente falsos, todos têm o direito constitucional sobre o que pensam deste ou daquele titular de cargo público, efetivo ou não.

Em 2009, acompanhei de perto a tramitação do projeto de lei que deu origem à lei 12.034. Por pouco os congressistas não concederam à internet o mesmo tratamento restritivo hoje conferido às televisões e rádios.

Queriam tratar de forma idêntica, meios totalmente distintos. A internet é a praça pública, a nova Ágora em que a democracia se torna viva neste quadrante do século XXI. A Primavera Árabe e outras mudanças de governo dificilmente teriam ocorrido se houvesse o policiamento da rede mundial de computadores. Também as manifestações de junho de 2013 teriam sido inviabilizadas se não tivesse sido possível o uso do Facebook e do Twitter como instrumentos de mobilização social.

Os governos totalitários bem sabem do potencial libertário da internet como meio de interação social. Por essa razão, todos aqueles que têm dificuldades de se relacionar com a democracia tratam logo de submetê-la a poderosos grilhões. É preciso afirmar a liberdade de expressão em todos os âmbitos, especialmente na internet. Trata-se de uma importante manifestação daquele que é o único detentor do poder segundo a Constituição de 1988: o soberano popular. Ou a liberdade é assumida como algo genuíno, ou os brasileiros continuarão a assistir os representantes do povo lutando para calar os que os investiram transitoriamente em seus mandatos.

Não é possível encontrar a democracia onde há restrições à liberdade de pensamento. Normalmente o Brasil é considerado um país livre nesse quesito, mas é apenas uma ilusão. A todo o tempo e em todos os ambientes assistimos à ação de pessoas que tentam sufocar a liberdade de expressão do pensamento sob as mais distintas argumentações. A mais comum delas é a defesa da vida privada. Entretanto, essa linha de defesa deve ser, desde logo, afastada quando a pessoa que se diz invadida na sua esfera de privacidade é detentora de um mandato político ou exerce alguma atribuição pública, como é o caso de deputados, senadores, vereadores, governantes em geral, magistrados, membros do Ministério Público, delegados e todos os demais que cumprem uma designação pública para cumprir missões e interesses da sociedade.

É certo que a esfera eminentemente privada das pessoas deve ser protegida contra as invasões daqueles que, sem fundamento do interesse público, buscam romper a órbita de proteção interna da vida das pessoas. Entretanto, naquilo que diz respeito à generalidade dos membros da sociedade que defendem um interesse legítimo, não é possível, em nome da proteção à vida privada, cercear um direito ainda superior a esse: o da liberdade de expressão. A restrição da liberdade de manifestação do pensamento em nome da proteção da vida privada deve acontecer de forma absolutamente excepcional, em casos extremos, e não como regra.

Nos últimos anos, os brasileiros têm assistido a edição de decisões judiciais que impedem jornais de publicar matérias de cunho investigativo, especialmente quando se trata de mandatários. Ou seja, um grave atentado contra a democracia e a liberdade de expressão, valores que são indissociáveis. Tem sido cada vez mais comum, a utilização do poder judiciário para realizar um verdadeiro ato de censura prévia, o que é claramente proibido pela nossa Constituição. É bem verdade que na atividade jornalística é possível que ocorram eventuais lesões indevidas à imagem das pessoas. Mas há meios judiciais posteriores feitos exatamente com a função de reparar esse dano.

Não é válido o argumento de que é preciso prevenir danos na imagem das pessoas porque é impossível depois reparar completamente o abalo causado nas mesmas. Ainda que isso seja, ao menos em parte, verdadeiro, o prejuízo causado pelo impedimento prévio de uma publicação nos meios de comunicação é infinitamente maior. E isso porque os direitos afetados não dizem respeito exclusivamente àquele que teve a sua imagem inadequadamente protegida, mas a todos os membros da sociedade que têm interesse e direito à informação pública de qualidade. Entretanto, se depois da publicação algum dano for verificado, é possível repará-lo através dos meios disponibilizados pela Constituição, que consistem na publicação da resposta do lesado ou no exercício do direito de resposta, e, eventualmente, a aplicação das sanções civis, administrativas e penais cabíveis.

Além das decisões judiciais que impedem previamente a publicação de matérias de conteúdo investigativo, nos últimos anos há também uma grande onda de sentenças que condenam blogueiros e jornalistas a multas pesadas. Estas multas, previstas na legislação eleitoral, são por considerar que estes comunicadores estão infringindo normas que podem desequilibrar o resultado dos pleitos. Há um número considerável de blogueiros que já foram condenados a multas de centenas de milhares de reais, e existem medidas que ultrapassam a casa de um milhão de reais. De fato, a legislação eleitoral é um dos lugares onde a restrição à liberdade de pensamento e manifestação está mais evidente.

No Brasil, adotou-se um cinismo: autoriza-se a manifestação expressa sobre candidaturas apenas depois do dia 5 de julho do ano das eleições, que é a data em que começa a propaganda eleitoral. Antes disso, publicar conteúdo sobre a candidatura é visto como um ato ilícito. Isso gera uma situação anacrônica. Temos nesta segunda metade de 2013, por exemplo, pelo menos quatro candidatos à presidência da República, com os nomes colocados nas ruas e em pleno debate sobre alianças, estratégias e o futuro das suas pretensões eleitorais. Entretanto nenhum cidadão pode falar abertamente sobre isso, pois a lei considera propaganda eleitoral antecipada tratar de qualquer tema explicitamente relacionado com uma candidatura. É bem verdade que isso não chega a gerar nenhum incômodo para os pré-candidatos cujas pretensões são conhecidas por todos. Apenas os eleitores ficam proibidos de tratar explicitamente o assunto.

No ano 2010, o plenário do Tribunal Superior Eleitoral multou uma eleitora de Aracaju, Sergipe, em 5 mil reais por realizar propaganda eleitoral antecipada em favor da candidatura de Dilma Rousseff, do PT, à presidência da República. Isso teria acontecido antes do período autorizado pela legislação eleitoral para o início da propaganda de campanha. O Ministério Público Eleitoral denunciou a eleitora porque esta colocou um adesivo no seu carro com os dizeres "agora é Dilma", seguido pelo símbolo do Partido dos Trabalhadores. Por quatro votos a três, os ministros do Tribunal Superior Eleitoral consideraram que a eleitora praticou propaganda eleitoral antecipada. Ela precisou pagar a multa de 5 mil reais, valor mínimo que poderia chegar a 30 mil reais, valores claramente elevados para uma cidadã.

Há várias questões levantadas por essa situação específica. Uma delas tem a ver com a relevância da conduta dessa eleitora: teria ela a capacidade de influir sobre o resultado das eleições com a sua ação? Mas outras questões decorrentes da primeira também podem ser colocadas: é válido que o Estado brasileiro se utilize de meios coercitivos para impedir as pessoas de exteriorizarem o que pensam sobre a política? E a que ponto a opinião dos leitores dirige, de fato, as campanhas eleitorais? Estamos diante de um conflito apenas aparente de interesses: de um lado o do eleitor de emitir a sua opinião política; do outro, o direito da Justiça Eleitoral de estabelecer regras que, supostamente, conferem igualdade de condições àqueles que pretendem disputar postos eletivos. O desafio de exercitar a igualdade deveria vir através da autorização para que todos os brasileiros possam falar livremente sobre a política.

Hoje, a Justiça Eleitoral importa-se mais com o que as pessoas estão dizendo nas redes sociais sobre os políticos e partidos da sua predileção, ou do seu antagonismo, do que aos grupos que estão manejando bilhões de reais para influir economicamente no resultado das próximas eleições. É mais fácil encontrar uma decisão unindo um pré-candidato ou um eleitor por algo que disse, do que responsabilizando um governante por haver-se valido da máquina pública para adulterar o resultado dos pleitos. É caso evidente de distorção de valores. A Justiça Eleitoral deve concentrar as suas atenções naquilo que os candidatos fazem para adulterar o resultado dos pleitos através da manipulação da máquina pública e do poder econômico. Ao contrário, ela atua priorizando aquilo que se refere ao que esses candidatos dizem ou ao que os eleitores dizem acerca destes. A verdade é que existe um forte controle estatal do pensamento sem que ninguém consiga dar-se conta. É como se o Brasil estivesse sob um regime tutelar inaugurado nos diversos períodos de exceção da história do país, e ainda não estivesse acostumado a uma democracia mais efetiva.

Outro exemplo grave de violação à manifestação do pensamento está no que se refere às biografias não autorizadas. No Brasil, há vários casos da publicação de livros que versam sobre a vida de pessoas que constituem referência política ou social que envolveram debates judiciais, alguns resolvidos negativamente. Ruy Castro, autor de biografias como as de Carmen Miranda ou Nelson Rodrigues, teve graves dificuldades judiciais para superar um processo relacionado à biografia do herói do esporte brasileiro Garrincha que durou mais de onze anos. Da mesma forma, o autor Paulo Cesar de Araújo, que redigiu a biografia não autorizada Roberto Carlos em detalhes viu a publicação da sua obra proibida por determinação judicial após 15 anos pesquisando e escrevendo sobre o artista.

Recentemente, 45 intelectuais brasileiros se pronunciaram contra este cerceamento. Ana Maria Machado, Fernando Morais, João Ubaldo Ribeiro, Nelson Pereira dos Santos, Sérgio Rouanet e Zuenir Ventura, entre outros, publicaram o "Manifesto dos intelectuais brasileiros contra a censura de biografias". Entre diversas argumentações, o manifesto afirma que é apropriado que a lei proteja o direito à privacidade. Mas este direito deve ser complementando pela proteção do acesso às informações relevantes para a coletividade, na forma de tratamento distinto nos casos de figuras de dimensão pública. Ou seja, os chamados protagonistas da História: chefes de estado, lideranças políticas, grandes nomes das artes, da ciência e dos esportes. Não faz sentido a proibição de biografias sobre pessoas que auferiram vantagem da sua presença em meio público, pessoas que ocuparam posições de destaque na cena e no imaginário popular e que decidiram, por elas mesmas, abrir mão de uma parcela da sua privacidade.

É evidente que toda a exposição deve ter um limite, entretanto não faz sentido que informações acessíveis por pesquisadores e historiadores não possam ser divulgadas para o grande público. A solução deveria estar na adoção de medidas posteriores, não anteriores, sob pena de o país voltar a reviver a censura praticada nos tempos ditatoriais. A obra em si mesma possui um interesse público que deveria colocá-la a salvo dessa censura prévia sob todas as suas formas. Eventuais excessos ou a invasão da privacidade que não digam respeito a, ou gerem interesse na sociedade, podem ser adequadamente discutidos de forma posterior, objetivando-se a aplicação de sanções de natureza diversa para aquele que abusou do direito de manifestação. A proibição antecipada da publicação de biografias não autorizadas constitui, por certo, uma grande lesão à Constituição de 1988. Trata-se de mais um espaço em que a liberdade de expressão está sendo grosseiramente cerceada.

No que toca à liberdade de expressão na internet, as coisas começaram a esboçar mudanças. Em 2010, o Tribunal Superior Eleitoral havia aplicado uma multa de 5 mil reais a um deputado federal que fora indicado a vice na chapa de um candidato à presidência da República, nomeadamente José Serra, do PSDB. Ele foi condenado por propaganda eleitoral antecipada no

Twitter feita no dia 4 de julho, um dia antes do pedido de registro, data a partir da qual seria possível a propaganda eleitoral. O ministro Henrique Neves acolheu a postulação formulada pela procuradoria-geral que solicitava a aplicação da multa prevista no artigo 36º da Lei das Eleições. O candidato a vice, citava frases como as seguintes no Twitter: "vou dar tudo de mim. Vamos às ruas eleger Serra a presidente"; "a responsabilidade é enorme. Conto com o seu apoio e o seu voto. Serra a presidente: o Brasil pode mais". A multa foi um grave equívoco já que não se pode censurar alguém ou se dirigir a pessoas que voluntariamente o seguem para acompanhar os seus passos. Comentar algo no Twitter não é como falar na televisão para pessoas que não decidiram voluntariamente receber aquela mensagem. O Twitter é o lugar da manifestação de ideias para pessoas que decidiram seguir a fonte daqueles pensamentos. Não é uma comunicação unidirecional, mas uma discussão livre que não deve ser tutelada pelo Estado.

Felizmente, no dia 12 de setembro de 2013, o Tribunal Superior Eleitoral decidiu reconhecer como livre a utilização do Twitter como espaço para o debate político eleitoral. De fato, desde que realizado de forma gratuita nas redes sociais, não há como se impedir a manifestação do pensamento por parte do usuário, seja ele um pré-candidato, seja ele eleitor.

Como o uso do Twitter e das principais redes sociais é gratuito, pode ser utilizado indistintamente por qualquer candidato e aqueles que detêm maior capacidade de gerar empatia ficam proibidos de sensibilizar pessoas que já os seguem voluntariamente. Assim, a liberdade de pensamento e de opinião é violada, sem que exista qualquer justificativa constitucional para tanto. A melhor solução seria o TSE conceder uma solene autorização para o uso do Twitter e de todas as demais redes sociais como espaços para a livre manifestação de potenciais candidatos.

O mesmo raciocínio deve ser aplicado a todas as redes sociais e não apenas ao Twitter. O eventual abuso que resulta do manejo aviltante do poderio econômico e político deveria ser discutido caso a caso, por meio da ação da investigação judicial eleitoral, que é uma forma de repressão a abusos prevista na Legislação Eleitoral. As atividades de controle eleitoral devem se voltar apenas ao que torna possível a promoção do desequilíbrio político, tal como o abuso de poder, a corrupção e a fraude. No caso da propagando eleitoral, os limites legais devem ser adstritos aos meios que demandam o uso de recursos financeiros. Ou seja, o uso de mecanismos pagos é o que deve ser observado atentamente pela Justiça Eleitoral. Já os meios gratuitos de comunicação online, não devem ocupar o precioso tempo da Justiça Eleitoral, especialmente ante o modo espontâneo e consciente com que os eleitores a eles aderem. A única restrição a ser feita nesse tocante deve atentar para o manejo dos meios tradicionais de comunicação, tais como televisão e rádio. Estes sim devem se sujeitar a controle mais efetivo para assegurar a todos um acesso proporcional e justo, evitando que os grupos dominantes se valham para disseminação de propaganda inadequada.

A legislação eleitoral brasileira trata com preconceito o debate político. A lei parte do pressuposto de que falar sobre eleições, e até sobre eventuais candidaturas, é algo inidôneo e ilegítimo, logo algo que deve ser regrado e restrito a um período muito curto: os três meses que antecedem as eleições. Entretanto, esse debate não apenas é necessário, como didático. A população deve ter o direito de falar abertamente em todos os meios, especialmente na internet, sobre as circunstâncias políticas que cercam a sua realidade. É assim que se forma a opinião política. É assim, também, que se destrói o universo que hoje é dominado pelo marketing político multimilionário. Ele acaba substituindo a opinião das pessoas, que deveria ser formada no debate ocorrido no seu dia a dia.

A democracia amadurece quando as pessoas desmistificam e democratizam as discussões sobre os rumos da política. A sociedade deve formar a sua opinião política a partir do debate político franco, aberto e presente em todos os dias da sua vida, especialmente na internet.

A mulher na política

Precisamos enfatizar o debate sobre a presença feminina no exercício das atividades políticas. A ausência de mulheres exercendo mandatos na política brasileira é evidente – trata-se de um fato comprovado por dados absolutamente graves e irrefutáveis. Ainda assim, como sociedade, tendemos a subestimar a importância deste fato, enxergando-o antes como o desdobramento de causas naturais, normais. No entanto, é preciso ter em mente que, quando se trata de política, não existe nada que se possa chamar de natural ou normal.

De acordo com relatório do Comitê das Nações Unidas para Eliminação de Todas as Formas de Discriminação contra as Mulheres (CEDAW), apresentado em 2012, o Brasil ocupa apenas o 106º lugar no ranking mundial de participação política feminina no parlamento. Isto significa que estamos atrás de diversos países muçulmanos – como o Iêmen, a Tunísia e a Malásia –, onde, a despeito de uma tradição de orientação machista, amparada na religiosidade amplamente difundida na sociedade, os indicadores de participação política feminina mostram-se consideravelmente superiores aos nossos. No Brasil, a atual bancada feminina da Câmara Federal tem apenas 45 deputadas, de um total de 513 parlamentares, o que representa uma participação de apenas 8,77%. No Senado, são 12 senadoras de um total de 81 membros da casa – uma participação de 14,81%.

Comparadas ao pleito de 2002, quando foram eleitas 42 deputadas federais e oito senadoras, as eleições de 2010 mostram um aumento muito discreto no número de cargos ocupados por mulheres no Congresso, o que revela uma realidade preocupante e que exige reflexão. Em primeiro lugar, é preciso ressaltar que, mesmo entre as mulheres ocupantes de cargos políticos, existem muitas que não conquistaram seus mandatos como fruto de sua própria inserção política. Muitos casos, na verdade, a escolha de mulheres para cargos políticos se dá como resultado do apoio de lideranças masculinas. Com o advento da Lei da Ficha Limpa, que tornou muitos candidatos inelegíveis, passou a ser comum, por exemplo, a substituição de candidatos impedidos de se apresentarem aos pleitos por suas esposas, o que, com o tempo, pode desempenhar alguma influência no número de mandatos exercidos por mulheres. Este tipo de participação política feminina, no entanto, precisa ser descartada da nossa análise, uma vez que ela não se dá pelos méritos de liderança construída pela própria mulher, mas pela influência do poderio masculino, que, apenas por razões de conveniência, decidem transferir-lhes contingentes de voto.

A reduzida presença da mulher na atividade política se deve a fatores diversos, mas, subjacente a todos eles, está uma cultura patriarcal resistente, que, apesar dos avanços sociais observados em muitas outras áreas do nosso país, continua exercendo forte influência na vida política brasileira. De fato, vivemos ainda em um quadro político com predominância do sexo masculino, o que se evidencia pela destinação prioritária dos recursos financeiros de campanha, e da atuação da máquina partidária, em favor de candidaturas masculinas. Esta distinção foi levantada em uma reunião, da qual tive a oportunidade de participar, realizada em Curitiba, onde estavam presentes lideranças femininas das mais diversas áreas políticas com atuação no Paraná. Em meio a algumas discordâncias, havia um argumento consensual a todas as mulheres ali presentes: não há dinheiro para campanha. Uma delas, liderança importante de um partido estadual, apresentou um relato que chocou todos os presentes. Ela contou que havia sido convidada para criar o diretório de um partido político e que, após fazê-lo com toda a energia, organizando desde as reuniões mais importantes de caráter estadual até a limpeza do prédio da sede partidária, decidiu candidatar-se – primeiro ao cargo de deputada estadual e depois ao de vereadora. Em ambas as oportunidades, não foi eleita por pouco. Faltou-lhe um número pequeno de votos para alcançar esses mandatos. Na terceira vez que participou de uma campanha, já não era candidata – o fez na condição de coordenadora da campanha de um candidato ao Senado da República pelo estado do Paraná, que acabou sendo eleito. Ao longo da campanha, ela chegou à conclusão de que não lhe faltavam recursos financeiros. Aquele mesmo dinheiro que – quando era ela a candidata – o partido afirmava ser inexistente, agora abundava. O candidato ao Senado pediu-lhe, então, que organizasse jantares para até duas mil pessoas, com o objetivo de apresentar sua candidatura. Ela quis saber quantos jantares poderia organizar, ao que ele respondeu que o limite era sua capacidade de organizar esses jantares. Desconfiada, ela foi mais específica: perguntou qual era o limite orçamentário. E então ouviu como resposta: "Não há limite orçamentário. Organize quantos jantares for capaz de organizar."

Foi justamente o fator econômico que se mostrou absolutamente decisivo para a vitória eleitoral do candidato. E foi por causa do que aconteceu que, assim que o candidato conquistou seu posto no Senado, ela se desfiliou do partido e desistiu da vida pública. Ela havia entendido como as coisas funcionam. Este é um exemplo drástico, mas que se repete por todo o país. As candidaturas femininas recebem uma destinação de recursos financeiros irrisória quando comparadas às candidaturas masculinas.

A mesma desigualdade é observada quando se leva em conta o funcionamento da máquina partidária. Os partidos possuem uma estrutura administrativa e humana que se distribui ao longo de todo o território. Os diretórios estaduais são organizados em diretórios municipais, que possuem militantes voluntários, mas também muitos quadros que trabalham de maneira estável, por contrato, com salários pagos com os recursos oriundos do fundo partidário ou de doações oriundas do setor privado. Essa máquina partidária, em si, tem um grande potencial eleitoral. Quando devidamente manejada, ela concentra uma energia capaz de reunir votos em grande quantidade. No Brasil, entretanto – assim como acontece com os recursos financeiros –, por conta da cultura política do país, tem sua estrutura destinada prioritariamente ao amparo das candidaturas masculinas.

As mulheres, por outro lado, estão submetidas a problemas de natureza sociológica e econômica que dificultam sua participação política efetiva, entre os quais destaca-se a sobrecarga de atividades. O chamado duplo turno é bem conhecido pela sociedade – a mulher está inserida no mercado, trabalhando nas mesmas posições ocupadas pelos homens, mas, quando retorna ao lar, é obrigada a realizar tarefas ainda hoje consideradas de responsabilidade feminina, tais como a criação dos filhos e até mesmo a limpeza e a conservação da casa. Ela ainda é vista como o esteio da família, a responsável por preparar os alicerces para o sucesso do homem.

Este, por sua vez, acaba dispondo de mais tempo livre para se dedicar a questões externas ao lar, como a política. Essa cultura, totalmente isenta de qualquer validade filosófica ou biológica, interfere profundamente na redução da participação política feminina, o que, por seu turno, gera uma série de problemas graves para as próprias mulheres.

Elas não são as únicas atingidas por essa lacuna no poder público brasileiro. Todos nós perdemos com um número pouco expressivo de representantes femininas no parlamento. As mulheres veem o mundo a partir de uma perspectiva e de valores diferentes daqueles normalmente adotados pelos os homens. E, uma vez que o parlamento nada mais é do que a casa destinada pela democracia ao compartilhamento de valores, a presença quase exclusiva de homens no Congresso leva à perda irreparável da falta de complexidade social do parlamento. A carência do ponto de vista feminino é uma perda para todo o corpo social, pois se um grupo tão essencial para a sociedade democrática, que corresponde a pouco mais da metade de toda a população brasileira, não está presente na mesa parlamentar para se fazer ouvir, então todos nós saímos perdendo.

Por outro lado, a falta de participação política das mulheres enfraquece sua capacidade de se proteger contra abusos em um país onde a mulher ainda é uma vítima frequente da violência, meramente por conta de sua condição de gênero. A agressão contra a mulher é um assunto tão grave em nosso país que levou à edição de uma lei especial para a tutela específica dessa forma de lesão: a Lei Maria da Penha. Se tivéssemos mais mulheres no exercício do poder, estaríamos mais bem preparados para a compreensão da igualdade efetiva da mulher em relação ao homem. Estaríamos caminhando a passos mais largos no sentido da afirmação da igualdade entre os gêneros, contribuindo assim para retirar a mulher do papel de vítima social por conta de sua condição de mulher.

Se isso parece muito abstrato, pensemos então em uma aplicação concreta dessa reflexão: as mulheres são mais sensíveis aos casos violência sofrida por outras mulheres e também por crianças. Podemos afirmar, portanto, que se houvesse um número maior de representantes do sexo feminino na Câmara dos Deputados e no Senado, seria maior também a ressonância dos casos de violência contra mulheres, crianças e adolescentes. Isso poderia gerar a edição de leis mais eficientes e a tomada de posturas que levassem ao aprimoramento institucional de outros âmbitos da democracia, como o poder judiciário, e até mesmo à criação mais frequente de comissões parlamentares para investigar casos de violação a direitos dessa natureza.

É preciso ter em mente que a subrepresentação feminina decorre de fatos externos, que nada têm a ver com a competência e a capacidade da mulher para o exercício do poder político. Como vimos, ela está antes relacionada à masculinização da política, que se caracteriza pela destinação desigual de verbas de campanha, e pela orientação da máquina partidária para o suporte a candidaturas masculinas. Relaciona-se, ainda, à tendência da sociedade a sobrecarregar a mulher com atividades ligadas ao lar e à criação dos filhos. Para amenizar essa situação e encaminhar a política brasileira no sentido da superação desse problema, é preciso que consideremos a opção social de adotar políticas afirmativas que permitam o rápido crescimento do número de mandatos exercidos por mulheres. Tais políticas devem envolver não apenas a reserva de cotas de candidaturas, recurso com o qual já convivemos atualmente, mas também a locação, por força da lei, de verbas que tornem possível a igualdade entre campanhas de candidaturas masculinas e femininas.

Agradecimentos

Quero demonstrar a minha gratidão a Mariana Castro, Janaina Amorim, Lanna Luiza e Renata Costa, que colaboraram voluntariamente para o levantamento de informações contidas nesse livro.

Meu amigo Marcos Rogério Araújo é um colaborador sempre presente. Sou grato por seu olhar crítico e otimista.

Ramon Bentivenha e Rafael Wowk, meus amigos curitibanos, também me ajudaram, lendo e mandando observações sobre o texto final.

Também não esqueço a dívida de gratidão que tenho para com Chico Whitaker por um dia haver me conquistado para esse desafio de agir em rede pela mudança da nossa democracia.

Carlos Alves Moura, Jovita José Rosa e Magalhães têm sido parceiros de todas as horas. Em seus nomes abraço cada um dos integrantes do Movimento de Combate à Corrupção Eleitoral.

Este livro foi composto em
Adobe Caslon Pro
e impresso para a LeYa
em outubro de 2013.